Der lange Weg zum Seelenfrieden

Peter Püschel

novum pro

www.novumverlag.com

Bibliografische Information
der Deutschen Nationalbibliothek:

Die Deutsche Nationalbibliothek
verzeichnet diese Publikation in
der Deutschen Nationalbibliografie.
Detaillierte bibliografische Daten
sind im Internet über
http://www.d-nb.de abrufbar.

Alle Rechte der Verbreitung,
auch durch Film, Funk und Fernsehen,
fotomechanische Wiedergabe,
Tonträger, elektronische Datenträger
und auszugsweisen Nachdruck,
sind vorbehalten.

© 2016 novum Verlag

ISBN 978-3-95840-099-3
Lektorat: Dr. phil. Ursula Schneider
Umschlagfoto:
Danmir12 | Dreamstime.com
Umschlaggestaltung, Layout & Satz:
novum Verlag

Gedruckt in der Europäischen Union
auf umweltfreundlichem, chlor- und
säurefrei gebleichtem Papier.

www.novumverlag.com

Vorwort

Der Autor dieses Buches hat selbst 39 Jahre seines Lebens in der DDR verbracht. Viele Episoden und Ereignisse hat er selbst erlebt. Darum kann er diese auf recht gute Art und Weise darstellen.

Sei es das allgemeine Leben in der DDR, die Missstände in allen Lebensbereichen, der Versuch, über die gut gesicherte Grenze zu flüchten, und der Neuanfang in der Bundesrepublik. Er hat einen Fluchtversuch, in diesem Buch als der erste geschildert, selbst unternommen.

Nach dem Scheitern dieses Fluchtversuches hat er die Ausreise beantragt. Daraufhin haben er und seine Frau ihre Arbeit verloren. Nach drei Jahren des Wartens, Hoffens und Bangens wurde schließlich die Ausreise genehmigt.

Heute lebt er mit seiner Familie in Rheinland-Pfalz. Es war ihm aber immer ein Bedürfnis, all das einmal aufzuschreiben und zu veröffentlichen, damit sich gerade die jüngeren Menschen ein Bild von der damaligen Zeit machen können.

―⸰―

Leise säuselt der Wind in den alten Fichten am Haus. Bernd steht am offenen Fenster seiner Bodenkammer. Mit der Hilfe des Vaters, aber nach seinen eigenen Vorstellungen, wurde sie schließlich gebaut. Nach viel Lauferei hatten sie endlich die Genehmigung zum Einbau einer Kohlezentralheizung bekommen. Wäre nicht sein Freund Adi – Andreas Langer – gewesen, der, wer weiß woher, bis in die verborgensten Winkel seine Beziehungen hatte, wäre es mit der Materialversorgung so gut wie aussichtslos gewesen. Aber irgendwie hat dieser es immer wieder fertiggebracht, das fast Unmögliche wahr zu machen und zur rechten Zeit das benötigte Material heranzuschaffen! Vater, der auf der Kreisleitung der SED arbeitet, hatte geglaubt, seine Beziehungen zu den großen Parteigenossen verschiedener Betriebe wären nützlich. Hätten sie sich darauf verlassen, dann würden sie heute noch auf den Heizkessel warten! Als er Adi davon erzählte, hat der nur gelacht und gesagt: „Wenn du in ein Ersatzteillager kommst, dann kannst du die ganze Brust voller Parteiabzeichen haben – du bekommst nichts. Reichst du aber ein paar Scheinchen rüber, kannst du dir hinten im Lager selbst aussuchen, was du brauchst!" So haben wir es ihm zu verdanken, dass der Kessel da ist. Vater staunte nicht schlecht, als Adi mit dem Kleintransporter auf dem Hof stand und lachend rief: „Ja, ist denn hier keiner zum Abladen da?" Als er Vater dann erzählte, wie er es geschafft hatte, wollte der davon nichts hören und distanzierte sich sogar davon! Aber genommen hat er den Heizkessel mit großer Freude und die Moral eines großen Genossen war ihm schittegal. Ja, wenn es um das eigene Ich geht, sieht es bei vielen mit der Überzeugung auf einmal ganz anders aus. Egal, die Heizung ist komplett eingebaut und alle sind rundherum zufrieden.

Bernd muss schmunzeln, wenn er jetzt so darüber nachdenkt. Er hat sich eine Zigarette angezündet, lässt den Rauch hinaus in die Nacht gleiten. Er ist kein starker Raucher, müsste eigentlich gar nicht rauchen. Gemächlich macht er Zug um Zug. Das sind die Abende, wie er sie liebt. Hoch über ihm funkeln die Sterne am nächtlichen Himmelszelt. Eine wohltuende Ruhe liegt über dem kleinen Ort im Erzgebirge. Nur ab und zu hört man das Geknatter eines Trabis, im Volksmund „Honecker-Volvo" genannt, von der Dorfstraße herüberschallen, die sich über einige Windungen hinunter ins Tal der Roten Weiseritz schlängelt. Dort unten ist es mit der Ruhe vorbei. Tag und Nacht rollt dort der Transitverkehr Skandinavien – Balkan. Ein großer Teil des Schwerlastverkehrs quält sich hier über das Erzgebirge in Richtung Böhmen auf der sogenannten Transitstraße, die an vielen Stellen eher einem Feldweg ähnelt! Sein Blick geht hinauf zum Erzgebirgskamm. Dort im Süden, wo man schwach die geschwungene Linie eines Bergrückens erkennen kann und von wo aus das Gebirge steil hinunter in das nordböhmische Braunkohlebecken abfällt, kommt gerade der Mond hervor. Zunächst noch kupferfarben, später ins Gelbliche übergehend beleuchtet er mit seinem matten Schein die Konturen der umliegenden Berge. An solchen Abenden will Bernd am liebsten allein sein. Er sitzt zwar auch gern mit Freunden oder Susann auf der Gartenbank vor dem Haus auf ein Schwätzchen mit einer Flasche Bier, aber heute genießt er es, allein zu sein. Er sieht zum Fenster hinaus, raucht gemütlich und kann seinen Gedanken nachhängen, umgeben von den von ihm so geliebten erzgebirgischen Bergen, seiner Heimat.

Wie oft hat er mit Großvater dort unten auf der Bank gesessen! Wie gern hat er seinen Erzählungen gelauscht! Immer wieder musste der Großvater von früher erzählen. Als die königlich-sächsische Kavallerie hinterm Dorf bei den Herbstmanövern über die Felder preschte. Als die Nazis an die Macht kamen und Großvater mit anderen Genossen der KPD Flugblätter und Zeitungen über die böhmische Grenze schmuggelte. Als dann die Bombennacht von Dresden kam und amerikanische Bomberverbände die Stadt in Schutt und Asche legten. Immer wieder war der Großvater aufgebracht darüber, denn der Krieg war längst entschieden. „Wir haben dort auf dem Hang gestanden. Die Feuersbrunst in dieser Nacht war so gewaltig, wir hätten Zeitung lesen können! Teilweise konnte man Straßenzüge erkennen. Aber wir Deutsche haben den Krieg ja gewollt", so hört er ihn heute noch reden. Dann, als die Flüchtlingstrecks vom Tal heraufkamen, um vor den Russen zu flüchten … In Gedanken sieht er die ersten Panzerverbände der Russen von Reichstädt her anrücken und die Tiefflieger im Tal, wie sie die wehrlosen Flüchtlingskolonnen beschießen. Nach dem Krieg wurden in der heutigen Gießerei die Maschinen abgebaut und nach Russland transportiert. Wegen der Kriegsschulden, hat er gesagt. Auch erzählte er vom Wiederaufbau der Gießerei – es wurde ein volkseigener Betrieb. Mächtig stolz war der Großvater darauf. Als er dann vor sechs Jahren starb, brach für Bernd eine Welt zusammen.

Es ist eine milde Sommernacht. Wie viele Menschen in diesem Land träumen wohl in solchen Nächten von Sonne, Meer und fremden Ländern, in die sie nie reisen dürfen? Warum eigentlich nicht?, grübelt Bernd. Sie sind doch keine Verbrecher, die man gefangen halten muss. Sie gehen einer geregelten Arbeit nach. Machen Überstunden, wenn sie gebraucht werden. Die meisten sind sparsam und genügsam. Und doch dürfen sie die große, weite Welt da draußen nicht kennenlernen. Sehnsüchtig blickt Bernd hinauf zum unendlichen Sternenhimmel. Warum sind wir nur Menschen zweiter Klasse? Kein Wunder, wenn viele die Lust an der Arbeit verlieren! Sollen das die Vorzüge des Kommunismus sein? Ungläubig schüttelt Bernd den Kopf. Seine ganze Erziehung ist bisher in Richtung Kommunismus gegangen. Vom Elternhaus über Kindergarten, Schule, Lehre und sogar einen Teil der Freizeit. Aber seine Überzeugung ist beachtlich ins Wanken geraten. Alles schimpft! So, wie es in der Schule gelehrt wurde, ist es weiß Gott nicht gekommen! Wenn er nur an den von ihm so geliebten Wald denkt! Wie oft und gerne sind sie als Kinder durch die Wälder gezogen. Die Randfichten, auf die man so gut klettern konnte, da die Äste fast bis zum Boden reichten, waren bis zur letzten Nadel grün. Wenn er etwas nach links schaut, dort an der Ecke, stehen die drei Fichten, die Großvater bei der Geburt seiner drei Kinder gepflanzt hat. Tante Liesbett, Onkel Hans und Vater. Sogar jetzt, im faden Mondlicht, kann man sie sehen: Zwei von den Bäumen sind bereits abgestorben, der dritte wird auch schon vom Gipfel her braun. Was soll nur aus den Wäldern werden? Es wird Generationen dauern, bis der Wald wieder in Ordnung kommt, wenn es nicht schon zu spät ist. Es müsste sofort etwas getan werden. Aber Bernd weiß, es wird nichts geschehen. Dazu müssten sowohl hier als auch in Böhmen die Betriebe abgeschaltet werden. Das ist unmöglich, das weiß er genau. Die meisten Giftgase kommen aus Böhmen. Wenn er noch ein Weilchen wartet, so gegen Mitternacht, wird sich der Himmel über dem Erzgebirgskamm wieder rot färben und in jedem Winkel des Hauses nach Katzendreck stinken. Zuerst hatten sie Mohrle, die Katze, im Verdacht. Bis sie gemerkt hatten, es waren wirklich die Abgase aus Böhmen! Die arme Katze hatte damals, als sie im Verdacht stand, einen großen Bogen um das Haus gemacht. Man glaubt gar nicht, wie feinfühlig so ein Tier ist.

Nun hat sich Bernd schon die dritte Zigarette angezündet. Obwohl er ja kein starker Raucher ist. Immer wieder hat er versucht aufzuhören. Aber als er es schon fast geschafft hatte, wurde er zur Armee eingezogen, natürlich für drei Jahre. Das war er seinem Elternhaus schuldig. Dort ging die Qualmerei wieder richtig los. Nun ja, es waren drei harte Jahre. Aber er möchte sie nicht missen. Sie waren eine dufte Truppe. Er macht ein paar tiefe Züge, sein Blick geht noch einmal hinüber zu den Bergen auf der anderen Talseite, dem Kohlbusch. Dann drückt er fein säuberlich seine Zigarette im Aschenbecher aus ... Ordnung hat er vom Großvater gelernt. Er zieht die Gardinen zu und legt sich zu Bett. Morgen muss er wieder zur Arbeit in die stinkende Gießerei. Dort hat schon Großvater gearbeitet, auch der Vater, bis er dann zur SED-Kreisleitung delegiert wurde. Er selbst hat sich nun daran gewöhnt, obwohl er nie da arbeiten wollte. Sein Herz gehörte schon immer dem Wald. Aber was soll's, die Familientradition sollte eben fortgesetzt werden. In einem Großbetrieb hätte er bessere Entwicklungsmöglichkeiten, vor allem in politischer Hinsicht. Er soll einen Weg wie Vater einschlagen, darüber ist man sich einig. Besonders Mutter, Unterstufenlehrerin, ist sehr stolz auf die Entwicklung ihres Mannes. Bernd dreht sich zur Wand und schlummert einem neuen Arbeitstag entgegen.

Der Wecker piepst und piepst. Bernd fährt mit der Hand hinüber und bringt ihn zum Schweigen. Einen Augenblick bleibt er noch liegen und genießt die Behaglichkeit der Bettwärme. Dann springt er aus dem Bett in die Hausschuhe und geht zum Fenster. Das ist fast jeden Tag seine erste Handlung. Er blickt hinunter ins Tal, in dem der Morgennebel seine Bahn zieht. Heute ist es nur ein wenig Dunst und es wird wieder ein wunderbarer, sonnendurchfluteter Tag werden. Mit Grausen denkt er daran; in einer Stunde wird er wieder in der Gießerei sein, wird die Sonne nur noch durch die schmutzigen, verschmierten Glasscheiben der Oberlichter schimmern sehen. An so einem Tag ist es doppelt schwer, den Weg ins Tal anzutreten! Aber man muss ja leben. Und schaffen will man auch etwas. Bernd schlurft die Treppe hinunter. In der Küche hantiert schon Mutter, die es sich nie nehmen lässt, für Bernd das Frühstück zu richten, obwohl sie noch im Bett bleiben könnte. Der Unterricht beginnt erst um 7 Uhr 30. Bernd hat schon einige Male gesagt, er könne das allein erledigen, doch davon will Mutter nichts hören. Nach der Morgentoilette tritt Bernd mit einem Lächeln auf den Lippen in die Küche, denn er weiß, dass die Mutter dies am meisten liebt. Sie hasst Morgenmuffel. Vater ist einer geworden, nachdem er im Betrieb aufgehört hat und seine acht Stunden auf der Kreisleitung absitzt. Er liegt noch im Bett. Ist er es doch gewöhnt, sich an einen gedeckten Tisch zu setzen. „Guten Morgen, Sohnemann, hast du gut geschlafen? Ich dachte schon, du willst heute gar nicht aufstehen! Bei solch einem Wetter fliegt man doch nur so aus den Federn", begrüßt sie Bernd mit einem warmen Ausdruck in den Augen. „Du brauchst ja auch nicht in diesen stinkenden Betrieb", entgegnet Bernd etwas mürrisch. „Du kannst den ganzen Tag die Sonne sehen." „Nun reg dich nicht so auf. Die acht Stunden wirst du schon überstehen. Danach kannst du dann mit Susann baden fahren. Du glaubst wohl, in einem Klassenzimmer macht es mehr Spaß! Die Rangen wollen auch alles andere als lernen." Bernd rührt gemächlich in seiner Kaffeetasse. Dazu isst er ein Honigbrot, das hat er am Morgen am liebsten. Leider ist nicht immer Honig da. Den gibt es nur in den Delikatessläden. Und so oft kommen sie da nicht hin. Es ist schon ein Jammer. Viele Dinge, die es früher in jedem Geschäft zu kaufen gab, erhält man nur noch im sogenannten Deli. Es wird im Volksmund auch gesagt: Die Deli-Läden sind die Intershops der Leute, die keine Verwandten im Westen haben. Nur sind die Waren in Ostmark bedeutend teurer. „Hast du Westmark in der Tasche, ist der Sozialismus große Klasse." Bernd muss lächeln, wenn er an diesen Ausspruch seiner Arbeitskollegen denkt. Auch denkt er daran, wie die Leute im Frühling vor den Jugendweihen bis zu zwei Stunden wegen ein paar Dosen Ananas angestanden haben. Kein Wunder, dass alles schimpft! „Was grübelst du denn schon wieder?", fragt die Mutter. „Hast du Probleme?" „Warum sind eigentlich die Deli-Läden eingerichtet worden? Kann es nicht all das auch in gewöhnlichen Läden geben?" Bernd rührt verloren im Kaffee. „Du musst ja nicht im Deli kaufen. Alles, was man zum Leben braucht, bekommt man ja überall. Wer allerdings Extrawünsche hat und nobel leben will, der soll doch dafür bezahlen!" Mutters Ausdruck wird ärgerlich. „Aber Ananas und Mandarinen sollten doch bei einer Feier nicht fehlen! Für eine Dose, die drüben zwei Mark kostet, muss ich hier 16 Mark bezahlen! Wie lange ich dafür arbeiten muss!" „Ja, und was bezahlst du drüben an Miete?! Lass dich nicht so von Adi verblenden. Der hat doch nur Flausen im Kopf. Der Sozialismus siegt, wenn es uns der Klassenfeind auch schwer macht! Ich möchte nur wissen, was mit dir los ist. So unzufrieden, wie du in der letzten Zeit bist, gefällst du mir gar nicht!" Sie schaut ihn lange und liebevoll von der Seite an. Er ist ihr einziges Kind und ihre ganze Liebe gehört ihm. Sie sorgt sich jedoch die letzte Zeit um ihn, denn er gefällt ihr in seiner Einstellung überhaupt nicht mehr!

Und daran ist nur dieser Mädchenheld Adi schuld! Er übt einen sehr negativen Einfluss auf den Jungen aus. Vor allem jetzt, wo er Kabelanschluss im Fernsehen hat und jeden Abend bis in die Nacht hinein Westfernsehen guckt. Er verherrlicht den goldenen Westen in den schillerndsten Farben und der Junge glaubt ihm mehr als seinen eigenen Eltern, die ja lange genug in der Partei und vom Sieg des Sozialismus überzeugt sind.

Doch schuld daran ist auch die Staatsführung. Sie muss daran denken, wie niedergeschlagen Bernd nach Hause kam bei der Sache mit Luis Korvalan, dem chilenischen Kommunisten. Ganz groß ging es durch die Medien: Durch die internationale Solidarität ist Luis Korvalan freigekämpft worden! Wie stolz waren wir alle über diesen Sieg. Am nächsten Morgen hat Bernd in der Brigade mit Freude darüber berichtet. Doch man hatte ihn ausgelacht. Diejenigen, welche auf den Bergen in günstiger Lage wohnen, hatten im Westfernsehen miterlebt, wie er in Zürich auf dem Flugplatz ausgetauscht wurde. Für Bernd waren damals die Glaubwürdigkeit und das Vertrauen zu diesem Staat sehr ins Wanken geraten und sie glaubt zu wissen, dass er das bis heute nicht so richtig überwunden hat. Nichts geht Bernd mehr ans Gemüt, wie wenn er lächerlich gemacht wird. Schon als Kind hat er so etwas schwer überwinden können. Sie muss daran denken, wie es damals war, als Bernd in die erste Klasse ging. Sie gingen zur Weihnachtsfeier in Vaters Betrieb. Er hatte das Gedicht zu Hause so gut gelernt. Als er dann zum Weihnachtsmann nach vorne musste, bekam er keinen Ton heraus. Zu allem Übel begannen die Größeren zu lachen. Da war es aus für Bernd! Laut weinend lief er aus dem Saal und es hat lange gedauert, bis er sich wieder gefangen hatte.

Sie packt Bernds Frühstücksbrote in die Stullenbüchse, legt noch einen Apfel hinzu und verstaut alles in Bernds Tasche. Bernd hat sich inzwischen angezogen. Er fährt täglich mit dem Moped zur Arbeit. Nur im Winter, wenn es einmal viel geschneit hat oder empfindlich kalt ist, geht er zu Fuß. Es sind ja nur zwei Kilometer und zu Fuß kann er noch eine Abkürzung über die Viehkoppel nehmen. Sonst zieht er immer eine dicke Jacke an. Heute jedoch, bei diesem hochsommerlichen Wetter, genügt ein kurzärmeliges Hemd. Schutzhelm und Lederhandschuhe zieht er aber immer an. Seit seinem Sturz damals im Frühling, als der Schnee getaut war und der ganze Streusand vom Winter noch auf der Straße lag. Er war etwas spät dran gewesen und zu schnell in die scharfe Linkskurve unten hinter dem Wäldchen gefahren. Es kam, wie es kommen musste: Das Vorderrad rutschte weg und er selbst auf dem Knie und der linken Hand die Straße lang bis in den Straßengraben. Dem Moped war nicht viel passiert, aber Bernd hatte es ganz schön erwischt. Er musste 14 Tage krank zu Hause bleiben. Das war nun gute zwei Jahre her, doch seitdem fährt er immer mit Lederhandschuhen.

Er geht zur Garage, fummelt seinen Schlüssel heraus. Das Schloss schließt butterweich. Auch so eine Erziehung vom Großvater; Werkzeuge, Türen, Fenster und dergleichen mussten immer top in Ordnung sein! Das Moped springt mit einem Tritt an, das macht die neue Elektronik. Die ist wirklich Spitze! Früher musste man viele Male treten. Wenn man Pech hatte, war das Moped dann auch noch abgesoffen. Gemächlich fährt er der Dorfstraße zu. Den Berg hinunter schaltet er auf den großen Gang und lässt das Gefährt einfach laufen. Nur an der scharfen Linkskurve bremst er rechtzeitig ab, in guter Erinnerung an seinen Sturz.

Am Zugang zum Betrieb, an der Pforte, ist es wie immer. Alles drängelt nach der Stechkarte. Das ist das Wichtigste. Viele, die mit dem Fahrzeug kommen, fahren zuerst zur Pforte. Dann wird erst einmal „gestochen", um das pünktliche Erscheinen zu dokumentieren. Erst dann bringen sie ihr Fahrzeug auf den Parkplatz. Wie viele Minuten dabei vergehen, bis sie endlich am Arbeitsplatz sind! Aber keiner fragt danach. Auch dem Pförtner ist das egal, wenn er nur seine Ruhe hat. Hauptsache, man ist da und verrichtet seine Arbeit.

Am Arbeitsplatz angekommen, werden erst mal alle begrüßt und das Fernsehprogramm vom vergangenen Abend ausgewertet. Die, die Westen gucken können, haben natürlich das Sagen und wissen immer das Allerneueste. Jeder bringt seine Meinung vor und ist überzeugt davon, er weiß das meiste und Wichtigste. Es wird hin und her diskutiert und dabei rückt die Frühstückszeit immer näher. Ehe ein jeder dann in Gang kommt, erscheint das Zeichen von einem Kollegen, in den Speisesaal aufzubrechen. Viele gehen schon früher hinüber, um die besten Frühstücksbrötchen zu ergattern. „Bernd, nach dem Frühstück ist Gewerkschaftsversammlung", ruft Holger noch herüber. Bernd ist in der Brigade der Gewerkschaftsvertrauensmann und muss dort die Interessen der Brigade vertreten.

Das war auch so eine Sache mit Holger Lehmann! Er hatte seine Lehre als Dreher mit „gut" bestanden. Hatte sich gut in die Brigade eingelebt. Dann sollte die Brigade einen Mann zum Meisterlehrgang delegieren. Keiner wollte gehen, denn alle waren mit ihrer Arbeit zufrieden. Im Wettbewerbsprogramm war jedoch vereinbart worden, einen Mann zu qualifizieren. Es hatte damals großer Überredungskünste bedurft, bis Holger endlich „Ja" sagte und die zwei Jahre zur Schule ging. Die Prüfung hat er dann irgendwie geschafft. Als er wieder in den Betrieb kam, war aber keine Stelle frei. So arbeitete er weiter wie früher. Als aber dann der Abteilungsleiter in Rente ging, rückte Holger auf. Von da an war er ein anderer Mensch. Vergessen war das gesellige Brigadeleben! Wo er nur konnte, verpfiff er die Kollegen. Man nennt ihn im Betrieb den Radfahrer: nach oben ducken und nach unten treten! Er hat nicht mehr viele Freunde im Betrieb. Wenn Bernd daran denkt, dass sein Vater mit ihm das Gleiche vorhatte, wird ihm speiübel. Es war damals so weit gekommen, dass Bernd ausziehen wollte, wenn der Vater ihn zur Weiterbildung zwingen würde. Das wäre mit Sicherheit der erste Schritt in die politische Laufbahn geworden. Der alte Jakop sagt immer wieder: „Wenn der Arbeiter was geworden ist, dann vergisst er seine Herkunft!" Jakop erinnert Bernd immer an Großvater. Die gleiche Art zu denken, genauso sparsam und alles zusammenhaltend. Es hätte mit Material manchmal schlecht ausgesehen, wenn der Jakop nicht jeden Rest aufgehoben und gehütet hätte wie seinen Augapfel. Bernd ist froh darüber, nach der Lehre zu den Rohrlegern in den Maschinenbau gekommen zu sein. Er arbeitet gern mit dem alten Jakop zusammen. Er ist für ihn wie ein Vater und kann ihn selbst oft besser verstehen als sein eigener Vater. Das ist auch mit ein Grund, weswegen er nicht mehr zur Schule gehen wollte. Hoffentlich arbeitet Jakop noch weit über seine Rentenzeit hinaus. Aber wie er immer sagt, will er mit dem Tag, an dem er 65 Jahre alt wird, den Hammer fallen lassen. „Für was soll ich dann noch arbeiten?", fragt er immer. „Das bisschen Rente reicht zum Leben. Was ich brauche, habe ich mit meinen Händen verdient und zu kaufen gibt es ja sowieso nichts. Als Erstes fahre ich drei Wochen zu meinem Bruder in den Westen."

Er hat ja auch in seinem Leben viel durchmachen müssen! Geboren ist er in einem kleinen Dorf im Böhmischen, gleich hinter der Grenze. Sie waren Deutsche und lebten dort – im Sudetenland. Auf die Heirat ging er oft ins Sächsische. Später, bei der Aktion „Heim ins Reich" ist er zu seinen Schwiegereltern ins sächsische Zinnwald gezogen. Seine Schwiegermutter hatte es so gewollt, sonst hätte er das Haus nicht bekommen. Den Krieg hat er vom ersten bis zum letzten Tag mitgemacht, bis zum Kriegsende, das er wie durch ein Wunder erleben durfte, denn er war drei Mal verwundet worden. Dann kam er in russische Gefangenschaft. Er war ein großer, kräftiger Kerl und wurde in Sibirien beim Bau eingesetzt. 1949 kam er nach Hause. Was er da erleben musste, war schlimmer als Krieg und Gefangenschaft zusammen! Seine Frau war von den Russen vergewaltigt und anschließend brutal ermordet worden. Seine Eltern und Geschwister waren aus Böhmen vertrieben worden und er wusste nicht, wo sie waren und ob sie noch lebten. Nur seine jüngere Schwester, mit einem Tschechen verheiratet, durfte bleiben, was er auch erst viel später erfahren hatte. Nach langer Suche über das Rote Kreuz fand er heraus, wo sie wohnten. Sie waren in der Nähe von Mannheim gelandet. Die größere Schwester und der kleine Bruder lebten bei ihnen. Der älteste Bruder war kurz vor Kriegsende gefallen. Die Eltern sind inzwischen verstorben, die Schwester hat das Haus und den Laden übernommen, den seine Eltern wieder aufgebaut hatten. Der kleine Bruder betreibt ein Fuhrunternehmen. Zehn Jahre später hat Jakop wieder geheiratet. Seine Frau ist aber ein Drachen, wie er im Buche steht! Kein Wunder, wenn er am Abend gleich vom Bus weg erst einmal in die Grenzschenke geht. Aber ein Trinker ist er nicht. Nur die Unterhaltung am Stammtisch ist ihm wichtig. Sein Häuschen oben auf dem Erzgebirgskamm ist tipptopp in Ordnung. Er hat schon einige Male versucht, zu seinen Geschwistern in den Westen zu reisen. Jedes Mal war sein Antrag ohne Begründung abgelehnt worden. Bernd kann so etwas nicht verstehen. Junge Leute dürfen mitunter fahren und Jakop, der kurz vor der Rente steht, seine ganze Schaffenskraft diesem Staat gegeben hat, wird behandelt wie ein unmündiges Kind! Man ist eben der Willkür des Staatsapparates voll unterworfen. Wenn jeder Genosse seine Arbeit mit so viel Hingabe wie Jakop erledigen würde, dann sähe es in diesem Staat bedeutend besser aus. Aber es werden immer die Falschen geehrt. Hauptsache, man ist mit großen Reden dicke dabei, dann steht man immer mit auf der Prämienliste!

Wo soll das noch hinführen? Was wird einmal werden, wenn die Alten weggestorben sind und lauter solche Blödlinge wie Holger an der Täte sitzen?

Bernd darf gar nicht daran denken! Immer häufiger ertappt er sich bei solchen Gedanken. In ihm ist eine Unruhe. Er hat jetzt öfter das Gefühl, etwas zu verpassen! Dass das Leben an ihm vorübergeht, ohne dass er es recht genießen kann. Immer wieder wird er von Fernweh geplagt. Gibt es doch so vieles, was er nie sehen darf! Warum nur? Weil er hier lebt und hier geboren ist? Das kann doch nicht der Sinn des Lebens sein! Schlafen, essen, arbeiten. Will man in den Urlaub fahren, sind die Möglichkeiten sehr begrenzt. Nur über Jugendtourist kommt man ins kapitalistische

Ausland. Bernd hätte schon einige Male fahren können, Vater hatte schon etwas eingeleitet. Doch Bernd wollte nie. Er hatte immer Angst vor den Hänseleien der Arbeitskollegen. Ja, der Sohn vom großen Kommunisten darf zu den Kapitalisten und unsereiner darf nicht mal die eigene Verwandtschaft im anderen Deutschland besuchen! Das wollte er um keinen Preis. Es langt so schon, was er sich anhören muss. Was kann er dafür, wenn es nichts zu kaufen gibt und sein Vater in der SED-Kreisleitung sitzt? Dass seine Mutter als Unterstufenlehrerin von der Partei beauftragt ist, die Kinder im kommunistischen Denken zu erziehen? So ist das hier nun einmal.

Durch das Dröhnen der Sirene, die jetzt erst zur Frühstückspause ruft, wird Bernd aus seinen Träumen gerissen. „Na, du wirst noch die Frühstückspause verpassen", sagt Jakop. „Das ist doch mit das Wichtigste am Tage, aber du kannst dich ja dann bei der Gewerkschaftsversammlung ausruhen, es wird eh nur leeres Stroh gedroschen. Was der Honecker raushaut, steht ja so in allen Zeitungen", dabei wiegt er seinen Kopf hin und her. „Denke daran, wenn die die Winterferienplätze vergeben, möchte ich auch einen haben. Ich möchte mal in so ein richtig großes Ferienheim, wo man nichts machen muss. Wo man gut essen und abends in die Bar gehen kann." Dabei lacht er verschmitzt. „Ja", sagt Bernd, „ich werde mich darum kümmern. Warum sollen immer die Gleichen fahren? Dass du den Campingwagen an der Ostsee über hast, kann ich mir vorstellen. Dass deine Frau immer wieder hin will, verstehe ich nicht. So schlecht, wie es jetzt mit der Lebensmittelversorgung an der See ist. Und 14 Tage lang Büchsenessen wäre auch nichts für mich." Bernd schüttelt sich bei diesem Gedanken. „Wenn du mit deinem Trabi an die Ostsee fährst, könnte man glauben, du willst umziehen, so vollgepackt fährst du los. Und Jahr für Jahr auf den gleichen Platz, wird ja auch langweilig. Da musst du doch schon mit jedem Sandkorn per Du sein." „Ja, meine Alte kann sich dann zwei Wochen lang mit anderen Leuten zanken. Sie kommt doch sonst das ganze Jahr aus unserem Kaff nicht heraus. Dann darf ich noch den Grill mitschleppen und 200 Bratwürste, die ich dann am ersten Tag am Strand grille, womit fast die Benzinkosten für den Urlaub gedeckt sind", antwortet Jakop. Dass doch immer die besten Männer mit den furchtbarsten Weibern verheiratet sein müssen, denkt Bernd.

Ob es mit Susann und ihm auch mal so kommen wird? Er kann es sich nicht vorstellen. Jakops Frau soll früher ganz lieb gewesen sein. Der sagt immer: „Das kommt vom böhmischen Wind. Wenn der nachts um die Bude pfeift und heult, müssen die Weiber ja böse werden." Ja, ja, der Jakop ist schon ein Kapitel für sich!

Sie haben den Speisesaal erreicht. Es gibt keine offizielle Platzordnung, aber es hat sich so eingebürgert, dass jeder seinen Stammplatz hat. Die meisten gehen zur Kantine und holen sich belegte Semmeln. Bernd holt sich nur eine Tasse Kaffee, die Brote hat er ja von Mutter mitbekommen. Jakop kramt in seiner Tasche, die, dem Aussehen nach, schon beide Weltkriege mitgemacht haben muss, und holt seine Thermoskanne heraus. Er trinkt sommers wie winters Tee und betont stets, es sei viel gesünder. In Wirklichkeit spart er sich das Kaffeegeld für sein abendliches Bierchen. Als er dann ein Stück Gurke herausholt, ist er wieder Zielscheibe der Schlosser vom Nebentisch. „Na, Randtscheche, hast du wieder die ersten Gurken in deinem Holzäppelgebirge geerntet?", ruft der lange Hans-Jürgen herüber. „Kümmere du dich um deine Stinkfelder hinter eurer Kuhbläke", kontert Jakop fast wehmütig. Denn dort, bei Hans-Jürgen hinter dem Dorf, ist ein großer neuer Kuhstall gebaut worden. Es wurde ein neues Entmistungsverfahren eingeführt, das Gülleverfahren. Die Kühe liegen nur noch auf Matten, das Hinterteil auf einem Rost. Der Kot fällt durch und wird mit Wasser weggespült in ein Sammelbecken. Das Sammelbecken hat man auf eine Quelle gebaut und Wasser drückt hinein. So ist es fast täglich voll und muss mitunter in zwei Schichten abgefahren werden. Hinter dem Dorf beginnt aber das Einzugsgebiet der Trinkwassertalsperre. Dort darf die Gülle nicht hingefahren werden. So werden die anderen Flächen mehrere Male übergossen. Gerade jetzt bei der Wärme stinkt es das gesamte Dorf aus. Es ist wirklich eine Riesensauerei. Aber wie immer ist keiner für diesen Schlamassel verantwortlich. Eine Behörde schiebt der anderen die Schuld zu. So geht das nun schon jahrelang. „Bis die einen Sündenbock gefunden haben, haben wir uns so an den Gestank gewöhnt, dass wir ohne ihn nicht mehr leben können", sagt jedenfalls der lange Hans-Jürgen. „Ja, ja, die reden und reden von Abrüstung", meint Jakop, „da wird überall so viel Geld verpulvert, und für was?" Er zieht seine Stirn in Falten. „Wir brauchen keinen Krieg mehr, wenn die Menschheit so weitermacht. Mit der Umweltverschmutzung bringt sie sich von selbst um." „Du musst es ja wissen", kontert der lange Hans-Jürgen wieder. „Du bekommst den böhmischen Nebel aus erster Hand! Und Wald kann man die Mondlandschaft bei euch dort oben weiß Gott nicht nennen." „Ich habe es aufgegeben, mich darüber aufzuregen", meint Jakop und gießt gemächlich Tee nach. „Wir bekommen nie die genauen Werte der Luftmessung zu hören, das ist wohl ein Staatsgeheimnis. Auch mit den Eingaben an den Staatsrat haben wir nichts erreicht. Sie sagen immer nur: ‚Es wird bearbeitet'." Jakop holt tief Luft, schaut zum Fenster hinaus auf den bewaldeten Hang. „Na ja, die paar Jahre, die ich noch zu leben habe, werde ich es noch aushalten. Aber ihr, ihr Jungen, wollt ihr euch das ewig gefallen lassen? Ihr setzt Kinder in die Welt, und wie sie später mal existieren können, schert euch einen Dreck. Ihr denkt nur daran, wie ihr das Geld für einen neuen Trabi zusammenkratzen könnt! Mehr Sorgen scheint ihr nicht zu haben."

Er hatte sich direkt in Fahrt gebracht, der alte Jakop. „Und was, meinst du, sollen wir tun?", fragt Hans-Jürgen. „Sollen wir auf die Straße gehen und demonstrieren und uns dann einsperren lassen und die ganze Familie und die Zukunft aufs Spiel setzen, um dann doch nichts zu erreichen? Als ich letzten Sommer noch AWG-Stunden machen musste, um endlich die Wohnung zu bekommen, war ich drei Mal im Wald, Bäumchen pflanzen. Was ist dabei herausgekommen? Geh raus", dabei zeigt er hinüber in die Richtung, wo sich der Wald befindet, „dort oben in den

Wald und sieh sie dir an. Über die Hälfte ist schon wieder braun. Wenn nicht die Industrie, vor allem die in Nordböhmen, umgestaltet wird, wird eben gar nichts erreicht." Alle sehen betreten auf die Tischplatte. Wissen sie doch alle, wie recht er hat! „Es heißt immer: Plane mit, arbeite mit, regiere mit! Und – was haben wir zu sagen? Nichts!" Jakop kratzt sich dabei die Stirn. „Was wurde in diesem Land schon alles angestellt, was dann später in die Hosen ging! Nur weil es von Russland kommt." Das Wort Sowjetunion ist ihm noch nie über die Lippen gekommen, solange ihn alle kennen. Egal, wer dabeisitzt. Viele haben sich darüber schon aufgeregt, vor allem Holger. Doch das interessiert Jakop überhaupt nicht. Alle haben sich daran gewöhnt. „Ich denke nur an das sogenannte Quadratnetzpflanzverfahren beim Maisanbau!" Jetzt grinst Jakop regelrecht. „Mais, die Wurst am Stängel, haha! Und was ist dabei herausgekommen?" Vielsagend blickt er in die Runde. „Wir wurden sogar von der Arbeit freigestellt und mussten auf den Feldern der LPG-Mais pflanzen gehen. Die neu gegründete landwirtschaftliche Produktionsgenossenschaft." Dieses Wort zieht er gehörig in die Länge. Für ihn war die Zusammenschließung der Bauern zur LPG schlicht und einfach Landraub. „Immer dort, wo sich zwei gezogene Striche auf dem Acker kreuzten, mussten wir ein Körnchen stecken. Bis an die Knöchel ist der Acker gegangen. Die Sperlinge mussten sich noch knien, wenn sie ein Korn picken wollten. Nichts war mit den versprochenen Riesenerträgen! Oder die Schweinepilze, die Offenställe, hier im Gebirge. Wir haben noch die Eisenwinkel für die Dachkonstruktion anfertigen müssen. Und – erfroren sind die armen Viecher im Winter. Die mit ihren Parolen immer!" Mit der Hand fuchtelt er in der Luft herum, als wolle er das alles weit von sich schieben. „Nur gut, dass ich schon so alt bin. Da sind große Genossen nach Russland zur Weiterbildung gefahren. Da sind die dümmsten Bauern als Meisterbauer ausgezeichnet worden, nur weil sie mit ins Horn geblasen haben. Und was ist dabei herausgekommen? Nichts. Es wurden an den Feldrändern Windschutzstreifen angepflanzt. In Russland sollen sie den Boden halten, wegen der trockenen Winde. Was haben sie

erreicht? Nichts. Zwanzig Meter breit daneben ist die Saat ausgewintert und musste im Frühling nachgesät werden. Ein Gutes hat die Sache aber doch: In den weitverzweigten Dornenästen haben die Singvögel sichere Plätze für den Nestbau gefunden."
„Na, siehst du", ruft Hans-Jürgen dazwischen, „alles Schlechte hat auch etwas Gutes!" „Ja, ja", brummt Jakop nur. Und dann ist die Pause auch schon wieder vorbei. Die Sirene hatte zwar schon lange das Kommando zur Beendigung der Frühstückspause gegeben, aber das interessiert ja keinen. In der Regel wird die Pause um zehn Minuten überzogen. „Denk an meinen Ferienplatz!", ruft Jakop Bernd noch zu, ehe alle wieder zur Arbeit schlendern. Bernd geht gemächlich zum Versammlungsraum. Weiß er doch genau, er wird nicht der Letzte sein.

Im Versammlungsraum versucht jeder, so weit wie möglich hinten zu sitzen. Die meisten interessiert das ganze Geschwafel ja doch nicht. Das Wichtigste ist für fast alle, dass sie nicht arbeiten müssen. Bernd hat einen Platz am Fenster erwischt. Das ist ihm recht. So kann er hinauf zum Wald blicken, in dem er jetzt bedeutend lieber wäre! Ausgerechnet Holger ist heute Versammlungsleiter. Da wissen sie ja alle schon, was da so auf sie zukommt. Mit hochtrabenden Worten beginnt dieser auch sofort: „Liebe Kollegen, ich freue mich, euch alle so zahlreich begrüßen zu können. Partei und Regierung haben uns große Ziele gestellt. Die Hauptaufgabe besteht nach wie vor darin, Ressourcen zu erschließen. Das bedeutet umso mehr in unserem Betrieb: Senkung der Ausschussquote und Ausschöpfung der vorhandenen Reserven. Wir müssen mehr aus eingespartem Material herstellen und der Schrottplan ist auch nicht geschafft worden. Liebe Kollegen, ich bitte um Wortmeldungen." Überall Schweigen. Auf einmal hat ein jeder zu schreiben oder sucht auf der Tischplatte etwas zu entdecken. Keiner hat Interesse, irgendetwas zu sagen. Langsam wird Holger unruhig. „Also, liebe Kollegen, was habt ihr zu berichten? Ich möchte Erfolge melden können!" Bernd hatte sich vorgenommen, nichts zu sagen. Aber das blöde Gequatsche geht ihm doch voll auf die Nerven! „Kannst du mir mal sagen, wie wir das machen sollen? Wenn wir ordentlich arbeiten, um keinen Ausschuss zu produzieren, können wir unmöglich den Schrottplan schaffen. Es geht doch nur eins von beiden! Das Material wird uns schon knapp genug zugemessen." „Komm mir nicht immer mit solchen Ausreden! Du als Sohn eines Genossen der SED-Kreisleitung müsstest eigentlich eine ganz andere Meinung vertreten. Ich wäre froh, so eine Kinderstube gehabt zu haben. Aber die, die sie haben, sind eben nicht in der Lage, etwas daraus zu machen!" Bernd merkt, wie ihm das Blut in den Adern zu kochen beginnt. Wie hat sich dieser Mensch nur verändert! Er kann sich kaum noch beherrschen. Aber das lässt er sich nicht anmerken, nicht vor diesem Kerl. Er winkt nur ab und schaut zum Fenster hinaus. „Noch andere Meinungen?", fragt Holger in die Runde. Keiner macht Anstalten, sich an der Diskussion zu beteiligen. „Also, ich schlage vor, dieses Thema in den Brigaden auszudiskutieren, und hoffe, bei der nächsten Versammlung könnt ihr mit Tatsachen aufwarten." „Schlage vor, schlage vor", äfft ihn einer aus der Gießerei nach. „Uns kann bestimmt keiner nachweisen, dass wir Material verschwenden! Und ihr ‚Sesselforzer' könnt euch ja mal bei diesem Wetter in die Gießerei stellen! Was wird mit der Belüftung, die schon so lange umgebaut werden sollte? Wir sollen guten Guss herstellen, doch nur aus Schrott geht das nun mal nicht! Wir können nur das verarbeiten, was uns zur Verfügung gestellt wird, zaubern kann bei uns keiner. Und wenn es um den Urlaub geht, dann bekommen immer wieder die Gleichen die besten Urlaubsplätze!" Er war hochrot im Gesicht angelaufen, erhebt sich und geht zur Tür. „Ihr könnt mich alle mal", waren seine letzten Worte. Dann fliegt die Tür ins Schloss, dass in den Büros nebenan die Schreibtische wackeln müssten. Peinliches Schweigen tritt ein.

Doch Holger hat die Situation im Griff. Schnell schwenkt er auf das Thema Urlaubsplätze und deren Vergabe um. „Liebe Kollegen, wir kommen nun zur Vergabe der Winter-Urlaubsplätze. Habt ihr irgendwelche Vorschläge zu bringen? Eines möchte ich vorneweg gleich richtigstellen: Alle wollen nur Ferienplätze in der Zeit der

Schulferien. Wir müssen noch einmal darauf hinweisen: Solche Plätze bekommen ausschließlich Kollegen mit schulpflichtigen Kindern. Auch denken manche, sie könnten im Sommer und im Winter einen Ferienplatz erhalten. So geht das natürlich nicht! Wir müssen außerdem die Angebote in der Vor- und Nachsaison besser nutzen, sonst bekommen wir in Zukunft weniger Sommerplätze." „Für die Kleinen sind die Plätze in der Vor- und Nachsaison gut. Möchte nur mal wissen, wer die noblen Ferienplätze in der Saison bekommt; da sind bei uns ja überhaupt keine im Angebot", fragt der Vertreter vom Lager. Holger stutzt einen Augenblick, hat sich jedoch sofort wieder in der Gewalt. „Liebe Kollegen, wir haben hier nicht zu beraten, wer, wann und wo Urlaub macht. Unsere Aufgabe besteht darin, die uns von der Gewerkschaft zur Verfügung gestellten Ferienplätze so gerecht wie möglich in unserem Betrieb zu verteilen." „Ja, was vom Angebot übrig geblieben ist! Die guten Sachen sind doch bereits vorher herausgepickt worden", lässt sich der vom Lager wieder vernehmen. Holger tut, als wenn er es nicht gehört hätte, und kommt ganz schnell zu den ersten Winterplätzen. Es beginnt nun wieder die alte Zeremonie: Holger liest die Angebote der Reihe nach vor und es wird darüber entschieden, wer von den Antragstellern den Ferienplatz bekommt. In der Regel geht das mit den Winterplätzen ohne größeren Streit ab. Bei den Sommerplätzen dagegen geht es oft heiß her, da dann bedeutend mehr Bewerber vorhanden sind. Nach einer knappen Stunde sind die Ferienplätze verteilt und Holger will die Versammlung beenden. Da meldet sich Bernd noch einmal zu Wort: „Im Oktober ist doch noch ein Platz im Interhotel Potsdam im Angebot, wer soll denn den bekommen?" Holger schrickt regelrecht zusammen. „Ja ... wir hatten gedacht, da meldet sich ja doch keiner, und so haben wir ihn der neuen FDJ-Sekretärin zugesprochen." „Das kann doch wohl nicht wahr sein! Die Zippe ist ein halbes Jahr hier im Betrieb und bekommt schon den besten Ferienplatz! Leute wie der alte Jakop, die schon über 30 Jahre im Betrieb sind, werden einfach übergangen!", ereifert sich Bernd. „Du willst doch damit nicht sagen, der alte Jakop, der die ganzen Jahre nur im Wohnwagen an die Ostsee fährt, will tatsächlich in ein Interhotel fahren?", fragt Holger erstaunt zurück. „Ja, genau das will ich damit sagen. Jakop will auch mal etwas anderes sehen als die Ostsee und den Wohnwagen. Lange genug hat er sich ja schon eingetragen. Das eine kann ich dir sagen: Wenn Jakop, der in den ganzen Jahren, die er im Betrieb ist, noch nie einen FDGB-Ferienplatz genommen hat, den Platz nicht bekommt, sondern eine Lady, die erst ein paar Wochen hier ist, dann lernt ihr mich von einer ganz anderen Seite kennen! Da werden wir mal klären, wer hier die Ferienplätze vergibt … die Vertrauensleute der Brigaden oder ein Abteilungsleiter, bei dem ein hübsches Gesicht zählt!" Nun hat Holger sich verfärbt. Über den Hals herauf kommt langsam die Röte, bis sie über die Ohren und Wangen den gesamten Kopf einnimmt. So peinlich haben ihn die Versammelten noch nie erlebt. Für Bernd ist es eine wohltuende Genugtuung. War es ihm, wenn auch ungewollt, doch endlich mal gelungen, dem sonst so korrekten und arroganten Holger einen Fehler nachzuweisen. Was würde diese Situation doch für Kreise ziehen! Schon heute würde das Gerücht im Betrieb herumgehen, der Abteilungsleiter Holger Lehmann habe was mit der neuen FDJ-Sekretärin. Und jeder Zweite würde noch etwas hinzudichten!

Es ist für Bernd ein erhebendes Gefühl, als Sieger aus dieser Versammlung hervorzugehen. Denn dass nun Jakop den Ferienplatz erhalten wird, ist so sicher wie das Amen in der Kirche! Jetzt noch darauf zu bestehen, dass die Mietze den Platz bekommt, kann sich Holger auf keinen Fall leisten! „I…ich werde das heute noch klä…klären", stottert Holger zusammen. „Du bekommst spätestens bis zum Mittag Bescheid." „Darum möchte ich auch gebeten haben", sagt Bernd mit einem hämischen Grinsen im Gesicht. Das schadenfrohe Lachen der anderen ist für Bernd wie Musik in den Ohren. Giftig schaut Holger noch einmal zu Bernd herüber, dann beendet er die Versammlung. Jeder trottet zu seinem Arbeitsplatz. Nun wird sich die Debatte zwischen Holger und Bernd wie ein Lauffeuer im Betrieb verbreiten.

Mit gemischten Gefühlen denkt Bernd an die Aussprache mit Vater, wenn der davon erfährt. Und dafür wird schon gesorgt werden! Mit Freude im Herzen denkt Bernd aber an Jakop, für den er soeben einen Sieg errungen hat und dem er so vieles verdankte!

Er ist inzwischen in der Werkhalle angekommen, nähert sich der kleinen Abteilung der Rohrleger. Jakop sieht ihm schon von Weitem mit fragenden Augen entgegen. Bernd kann ein Lächeln nicht unterdrücken und Jakop, der Bernd kennt wie seinen eigenen Sohn, weiß, es hat geklappt. Nun berichtet Bernd über den Vorgang in der Versammlung. Jakop wird sehr nachdenklich. „Siehst du, mein Junge, Arbeit zählt in diesem Arbeiterstaat nicht. Nur zur Stange musst du halten und heucheln können, dann erreichst du alles! Da schlägt die Schnecke der Ziege einen Wettlauf vor und behauptet, sie gewinne. Die Antwort ist logisch. Mit Kriechen kommst du weiter als mit Meckern! Du könntest es auch besser haben, wenn du heucheln könntest. Aber bleibe, wie du bist. So bist du richtig. Und pfeif auf deinen Alten! Egal, du hast es gut gemeint, wird wohl nichts mit fein essen und Barbesuch."
„Wenn du den Ferienplatz nicht bekommst, gehe ich auf die Barrikaden", stößt Bernd hervor. Er kann nicht begreifen, dass Jakop so schnell aufgeben will. Außerdem ist er von seinem Sieg voll überzeugt. „Du wirst sehen, der Holger kommt hierher und sagt dir den Platz zu."

Genau so ist es dann auch gekommen. Gleich nach dem Mittagessen kommt Holger und will den Kollegen Wagner sprechen. Als Jakop sich von seiner Schweißausrüstung befreit hat und zu Holger herantritt, verkündet der mit feierlicher Stimme: „Kollege Wagner, in Anbetracht deiner Leistungen während der vielen Jahre hier im Betrieb sowie deiner ständigen Einsatzbereitschaft wird dir der Ferienplatz im Interhotel Potsdam im Oktober für zwei Personen zugesprochen!" Dabei ergreift er die Hand des verblüfft dreinschauenden Jakop und schüttelt sie gewaltig. „Gut gebrüllt, Löwe", kann sich Bernd nicht verkneifen. Dafür erntet er einen giftigen Seitenblick von Holger, aber keinen Kommentar. Dieser wird sicherlich froh sein, dass es so ausgegangen und nicht schlimmer für ihn gekommen ist. Jakop verzieht keine Miene. Gelassen nimmt er den Ferienscheck entgegen. Wie aufgewühlt er innerlich ist, wissen nur die, die ihn kennen, und die schweigen auch. Verstohlen verdrückt sich Holger wieder. „Junge, das vergesse ich dir nie. Hast mir eine große Freude gemacht", die Augen von Jakop schimmern verdächtig feucht. „Schon gut, alter Haudegen", sagt Bernd nur und ist sichtlich ergriffen davon, wie sehr sich der Jakop darüber freut. Nun wird den Rest des Arbeitstages nur noch über Interhotels geredet. Einige erklären sich bereit, den Jakop fein essen zu lehren. Die anderen wollen Tischsitten mit Jakop üben. Natürlich sind die meisten neidisch darauf und würden am liebsten selbst fahren, doch fehlt es denen am nötigen Kleingeld. So vergehen die Nachmittagsstunden wie im Flug. Trotz der drückenden Hitze in der Werkshalle ist es wieder einmal Feierabend geworden.

Auf einmal haben es alle verdammt eilig. So schnell wie jetzt sind sie den ganzen Tag nicht gelaufen. Viele stehen schon lange vor der Zeit an der Stechuhr und warten darauf, dass der verdammte Zeiger endlich auf Feierabend rückt. Bernd geht in den Schuppen, wo die Zweiräder stehen, und holt sein Moped. Bei diesem Wetter genau das Richtige. Obwohl es für den Soziusfahrer keine Helmpflicht gibt, hat er für Susann einen Helm mit. Besser ist besser! Man weiß nie, wie es mal kommt. Gerade auf der Schlaglochchaussee in Richtung Freibad muss man ein halber Motocross-Fahrer sein, um heil durchzukommen. Er fährt vor das Pförtnerhäuschen. Dort wird Susann gleich erscheinen. Und da ist sie auch schon! Sie hat ein kurzes, helles Sommerkleid an. Obwohl fast kein Lufthauch zu spüren ist, weht ihr langes Haar beim Gehen um ihre Schultern. Einige, auch die schon etwas älteren Männer, drehen sich nach ihr um und schnalzen begehrlich mit der Zunge. Was hat er doch für ein Glück gehabt, so ein Mädel zu bekommen! Diese Figur! Das eng anliegende, fast zu kurze Kleid brachte sie voll zur Geltung. Wie viele Male hat er sie schon splitternackt gesehen, doch dieser Anblick war fast noch schöner! Schon ist sie ihm um den Hals gefallen, drückt ihren Mund mit den vollen, wohlgeformten Lippen auf seinen. Bernd genießt diesen Augenblick, auf den er sehnsüchtig den ganzen langen Tag gewartet hat, mit voller Wonne. Sollen doch die Leute denken, was sie wollen, es gibt nichts Schöneres als junge Liebe. Als er wieder Luft bekommt, blickt er ihr tief in die Augen. Rehbraun sind sie und der sonnenüberflutete Tag spiegelt sich darin. „Du weißt gar nicht, wie sehr ich dich liebe und begehre", kann er nur sagen. „Alles schön der Reihe nach. Zuerst fahren wir baden, das andere soll aber auch zu seinem Recht kommen. Habe Mutter schon gesagt, dass ich heute bei euch schlafe", dabei lehnt sie sich vielsagend an Bernd. Schon geht die Fahrt los. Eng schmiegt sich Susann an Bernds Rücken und er zweifelt, ob er zum Freibad oder nicht lieber gleich zu seiner Bodenkammer fahren soll! Doch er weiß genau, er wird heute noch voll auf seine Kosten kommen. Eben alles der Reihe nach. Was Susann tut, tut sie mit voller Hingabe, auch das weiß er. Plötzlich gibt es einen harten Schlag. Susann schreit auf! In seiner Träumerei hat Bernd ein Riesenschlagloch übersehen und sie sind mit voller Wucht hineingefahren! Doch Bernd hat die Maschine sofort wieder in seiner Gewalt. „Halte bitte mal, ich habe mir das Bein verbrannt", schluchzt Susann hinter ihm. Als er nun am rechten Fahrbahnrand zum Stehen kommt, sieht er die Bescherung. Susann war durch den unerwarteten, harten Aufschlag von der Fußraste abgerutscht und hat sich das Bein am Auspuff verbrannt. Es ist nicht allzu schlimm, doch so eine Verbrennung tut weh! Bernd bockt das Moped auf. Susann sitzt am Straßengraben und bläst auf die Wunde. Sofort kniet Bernd daneben und bläst mit. Nun lacht sie schon wieder. „Das kann doch nicht möglich sein, dass so große Schlaglöcher auf der Straße sind! Die müssen doch gar nicht mehr normal sein!", schreit Bernd in Richtung Schlagloch. „Ja, hast du denn das Schild nicht gesehen: Achtung Schlaglöcher?", fragt sie. „Schlaglöcher? Das sind doch schon Fallgruben, aber keine Schlaglöcher mehr. Ich möchte nur wissen, wo das noch hinführen soll! Immer wieder werden sie nur zugepappt, aber nie wird etwas Richtiges gemacht. Jedes Jahr im Frühling sind sie wieder da. Ehe dann die Nebenstraßen mit der Zuflickerei dran sind, ist es schon wieder Winter! Im nächsten Jahr beginnt dann alles wieder von vorn. Aber einmal ist Schluss, einmal bricht alles zusammen, wenn es nicht endlich mal richtig gemacht wird." „Reg dich doch nicht auf, einmal werden wir auch das in den Griff bekommen", unterbricht Susann Bernds Wutausbruch. „In den Griff bekommen? Ich merke nur, dass es von Jahr zu Jahr schlechter wird! Sieh her, in der Felge ist auch eine Delle. Wenn es doch wenigstens neue Felgen gäbe, aber da muss man auch monatelang rennen und betteln! Du bist ein liebes, gutes Mädel, aber ändern wirst du und deine FDJ an der Sache auch nichts." „Fang bitte nicht an, alles ins Politische zu ziehen. Wir haben in vielen Dingen noch Aufholbedarf, aber einmal werden wir es schaffen."

In die Augen von Susann ist ein gefährliches Blitzen gekommen und Bernd weiß, wenn er sich den Abend mit Susann nicht verscherzen will, sollte er lieber schweigen. Sie war nun mal vom Sieg des Sozialismus überzeugt. Früher hat Bernd auch daran geglaubt, aber es kommen ihm immer öfter Zweifel an diesen Sieg. Das jedoch darf Susann nie erfahren. Es wäre das Aus zwischen ihnen, das weiß Bernd. Er hilft ihr beim Aufstehen. Weiter geht die Fahrt.

Ein Stück vor dem Bad hat er die Straße verlassen und benutzt einen Feldweg. Der ist auch nicht schlechter als die Straße und eine Abkürzung. Mit dem Moped kann man das schon machen, für Autos ist das nichts. Er hat es einmal mit Vaters Moskwitsch gemacht und dabei fast den gesamten Auspuff abgerissen. Es gab damals ein Heidenspektakel zu Hause. War doch der Wagen aus Freundesland das Ein und Alles für Vater! Nun rostet er schon an allen Ecken und Enden. Wird Zeit, dass der neue Trabi bald kommt. Es müsste in den nächsten Monaten sein, die 13 Jahre Wartezeit sind nun um und Vater hat bereits den Vertrag gemacht.

Sie fahren über den kleinen Hügel, von wo aus das Freibad zu sehen ist, und trauen ihren Augen kaum. Alles voller Menschen! „Schade, unser Plätzchen hinten am Wald werden wir wohl heute vergessen können", flüstert Susann von hinten. „Wir kühlen uns nur etwas ab und fahren dann zu dir. Können später am Abend, wenn es kühler wird, auf der Gartenbank sitzen." „Keine schlechte Idee!", schreit Bernd über die Schulter.

Es macht heute auch wirklich keinen Spaß. Das Wasser ist an vielen Stellen braun, aufgewühlt von den Massen, die heute hier Erfrischung suchen. Kein Wunder, die paar Freibäder, die es hier in der Umgebung gibt, sind bei solch einem Wetter völlig überlaufen. Endlich haben sie ein Plätzchen gefunden, wo sie ihre Sachen ablegen können … für mehr reicht es nicht. Bernd hat im Nu seine Kleider abgestreift und ist, fast ohne sich abzukühlen, im Wasser untergetaucht. Susann versucht, sich etwas zu bespritzen, doch da taucht ein wohlbeleibter Mann prustend neben ihr auf und reißt sie mit sich um. Somit wäre das Problem Abkühlung auch schon erledigt. Sie versuchen, nebeneinander einige Runden zu schwimmen, doch immer wieder werden sie von anderen abgedrängt. Es herrscht ein einziges Treten und Schubsen. „Wir hätten doch lieber runter an die Talsperre fahren sollen", sagt Susann, als sie sich wieder mal etwas näher gekommen sind. „Ach was, dort bekommt man heute nicht mal fürs Moped eine Parklücke. Wir schwimmen noch eine Runde und dann fahren wir heim. Hätten später am Abend fahren sollen, da sind die Feriengäste nicht mehr da", keucht Bernd herüber und versucht, unter Wasser ihre Hand zu erwischen. Doch da wird er schon wieder von hinten getreten. „Mir reicht es, ich gehe raus", schimpft er. „Ich komme auch gleich!", ruft Susann und macht noch ein paar schnelle Schwimmstöße.

Mit einem kühnen Schwung zirkelt Bernd das Moped durch das Gartentor. Mutter sitzt auf der Terrasse und korrigiert Schulhefte. „Ach, da seid ihr ja schon. Mir war es heute Nachmittag zu heiß, um zu arbeiten. Da muss ich es eben jetzt nachholen." Sie winkt den beiden zu. „Guten Abend, ihr zwei. Das ist ja schön, dass ihr schon da seid. Wenn du so nett bist, Susann, so richte doch für alle das Abendbrot. Ich habe noch ein Weilchen zu tun." „Ja, guten Tag, Frau Schulze, ich mache das schon", und schon ist sie im Haus verschwunden. „Warum kommt ihr denn so früh? Ich hatte gedacht, ihr wollt erst noch baden fahren." „Ja, liebe Mutter, heute waren wahrscheinlich alle Bewohner des Kreises und die ganzen Urlauber baden. Aber wie viele Bäder gibt es denn? Eins nach dem anderen wird zugemacht. Wegen Baumaßnahmen, schlechtem Wasser, weil kein Rettungsschwimmer da ist und so weiter. Ich möchte nur wissen, für was die Feriengäste die Kurtaxe bezahlen müssen? Zum Baden kilometerweit zu fahren … In keinem Kurort gibt es eine öffentliche Toilette, die Gaststätten schließen spätestens um 20 Uhr!" Bernd hat sich auf den Gartenstuhl gesetzt. Seine Mutter schaut ihn erstaunt an. So eine Unzufriedenheit! Nur gut, dass es mit Susann etwas Festes geworden ist. Die wird ihm schon die Flausen austreiben! Nicht umsonst ist sie ja im Betrieb in der FDJ-Leitung. „Man kann nicht alles auf einmal lösen. Die Partei hat sich hohe Ziele gesteckt. Dazu gehört vor allem das Wohnungsbauprogramm, welches bis 1990 verwirklicht sein soll. Da muss eben auf manch anderes verzichtet werden. Eine Wohnung ist doch bedeutend wichtiger als ein Freibad. Oder?" „Ja, ja. Die einen haben mehrere Wochenendhäuser und die anderen nicht einmal eine vernünftige Wohnung. Steht so etwas auch im Kommunistischen Manifest?" Bernd lehnt sich im Stuhl zurück und schaut seine Mutter herausfordernd an. „Ich möchte nur wissen, in was du dich da verrannt hast! Aber wahrscheinlich färbt der Adi zu sehr ab. Es wird Zeit, dass du eine Familie gründest. Da kommst du auf andere Gedanken!" Das klingt schon eher vorwurfsvoll von Mutter. „Eine Familie werde ich schon mal gründen, nehme ich jedenfalls an, aber meine Meinung bleibt die gleiche. Den Sozialismus, den Marx und Lenin angestrebt haben, verwirklichen wir hier in diesem Land nicht! So, ich gehe Susann in der Küche helfen", antwortet Bernd, erhebt sich und geht ins Haus. „Um Himmels willen, lass das deinen Vater nicht hören", ruft Mutter ihm besorgt nach.

Sie sitzen gemeinsam auf der Terrasse zum Abendbrot, welches Susann wieder mit viel Geschick zusammengestellt hat. Vater war inzwischen nach Hause gekommen. „Du, Bernd, hör mal", beginnt er. „Am Freitag um 10 Uhr kann ich unseren neuen Trabi in Dresden abholen. Unser Moskwitsch ist zwar nicht mehr der Beste, aber ich habe gehört, die werden noch hoch gehandelt." „Ich dachte, du wolltest das Auto an einen Kollegen verkaufen?", fragt Bernd mit Seitenblick auf Mutter. „Es waren doch acht Riesen ausgemacht. Mehr ist die Kiste nach zwölf Jahren aber auch nicht mehr wert." „Na ja", beginnt Vater wieder das Gespräch. „Aber in Dresden gibt es doch einen Gebrauchtwagenhandel." „Ach, die Schwindelgasse meinst du?", scherzt Bernd. „Dort treffen sich die größten Ganoven!" Bernd winkt ab. „Ein Bekannter von mir", setzt Vater fort, als hätte er das eben nicht gehört, „hat seinen Moskwitsch (und der war bedeutend schlechter als unserer) für sage und schreibe 12.000 Mark verkauft. Und vier Riesen, wie du so schön sagst, haben oder nicht haben, will gut überlegt sein." „Wenn du meinst, musst du den Wagen eben dort verkaufen. Wenn es deine Gesinnung zulässt …", meint er etwas spitz. Er angelt sich noch einen Brathering aus der Schüssel. Endlich wieder mal Hering und nicht immer nur Makrele. „Weißt du, Bernd, ich wollte dich bitten, mir diese Angelegenheit abzunehmen. Ich bin zu bekannt, als dass ich mich selbst auf den Automarkt stellen kann. Das kann ich mir in meiner Position einfach nicht leisten. Wenn die Sache gelaufen ist, machen wir mit dem Geld, was über acht ist, halbe-halbe. Na, ist das kein Vorschlag?" Er schlägt sich mit der Hand auf die Schenkel, dass der gesamte Tisch bedrohlich wackelt. „Außerdem weißt du ja, du kannst den Trabi jederzeit auch nutzen, bis dann dein eigener da ist." Bernd wäre aus Scham vor Susann fast im Erdboden versunken! Verlegen schaut er hinüber zu ihr. Doch die zwinkert ihm zu und meint: „Da können wir endlich die lang ersehnte Reise in die Sowjetunion machen. Genau in der Zeit, wo wir zelten fahren wollten, ist eine Reise nach Jalta zurückgekommen. Die kann ich sofort bekommen. So kurzfristig hat sich keiner mehr gemeldet und wir müssten sie eh an Jugendtourist zurückgeben. Eigentlich wollte ich dich schon fragen, doch ich hatte Angst, du sagst ab – wegen Geldmangel, da du ja jede Mark für deinen Trabi brauchst." „Ja, das ist wunderbar ... Jalta muss man gesehen haben!" Mutter ist hell begeistert. „Als Vater vor zwei Jahren die Auszeichnungsreise nach Jalta bekam, konnte ich es kaum fassen. Und vergessen werde ich diese Reise auch niemals. Es war einfach herrlich. Das Krimgebirge (wir hatten ein Zimmer in diese Richtung), das Schwarze Meer, das wunderbare Hotel – einfach ein Erlebnis! Das muss man gesehen und erlebt haben. Mit Worten kann man das einfach nicht wiedergeben!" Bernd sieht hinüber in die strahlenden Augen von Susann, in denen eine Sehnsucht brennt. Er ist hin- und hergerissen. Am liebsten hätte er Vater gesagt, er solle doch selbst den Wagen verkaufen. Warum soll gerade er einen anderen betrügen? Soll Vater lieber in seiner Position dafür sorgen, dass ein jeder zu jeder Zeit einen neuen Wagen kaufen kann. Dann hört auch der Preiswucher mit den alten Autos auf! Doch sieht er hinüber in die glücklichen, fragenden Augen von Susann, weiß er, dass seine Entscheidung längst gefallen ist. „Na ja, wenn die Sache so ist, will ich es mir noch einmal überlegen", meint er. „Da gibt's nichts zu überlegen", eifert sich Susann. „Wenn alles geklappt hat und der Wagen verkauft ist, können wir noch einen Bummel durch die Stadt machen." „Ja, und ich hole euch dann mit dem neuen Trabi ab", bemerkt Vater sichtlich erleichtert, da er merkt, dass er gewonnen hat. „Zunächst muss ich aber bei meinen Arbeitskollegen herumhören, wie das alles so abläuft", erwidert Bernd. Vater springt auf und sagt: „Darauf trinken wir einen Schnaps", und sie verschwinden in der Stube. Als sie weg sind, sagt Mutter zu Susann: „Du buchst morgen gleich die Reise, sonst überlegt er es sich womöglich noch anders. Ich kenne doch meinen Sohn. Dann kann er nicht mehr zurück." „Aber wenn es mit dem Auto nicht klappt und ich die Reise gebucht habe, womit sollen wir sie dann bezahlen?" Richtig wohl ist Susann dabei nicht. „Mach dir darüber keine Sorgen. Erstens wird es gut gehen, Bernd ist ja nicht dumm. Und wenn es nicht klappt, dann bekommt ihr die Reise als Verlobungsgeschenk von uns." „Ach, wie ich mich freue, Frau Schulze", jubelt Susann. „Sag doch nicht immer Frau

Schulze zu mir, von jetzt an bin ich für dich die Gertrud, ist das klar? Darauf trinken wir nun auch einen." Sie räumen das Geschirr weg und begeben sich in die Küche zum Abwaschen. Da können sie in Ruhe und ungestört plaudern, denn die Männer sind jetzt eh mit sich beschäftigt. Nach dem Abwasch sitzen sie wieder auf der Terrasse und genehmigen sich den versprochenen Schnaps. Mutter hat extra zu diesem Zweck eine Flasche selbst gemachten Johannisbeerlikör aus dem Keller geholt. „Also dann Prost – und Gertrud. Huch, ist das Zeug aber stark", keucht Susann, „da kann ich bei der Wärme nur einen trinken, sonst bekomme ich noch einen Schwips." „Wir wollen uns auch nicht besaufen. Jetzt kommt er wieder in den Keller und wird erst bei eurer Verlobungsfeier wieder raufgeholt." Darauf nimmt sie die Flasche und verschwindet im Haus. Warum drängt sie so auf die Verlobung? Ist doch heutzutage ganz außer Mode gekommen, denkt Susann. Aber wenn sie darauf besteht, soll es ihr recht sein. Sie feiert ja gerne. Da kommen die Männer auch gerade von ihrer Diskussionsrunde zurück. Vater Schulze ist sichtlich erleichtert. Ist ja alles bestens gelaufen. Nur gut, dass Gertrud so tüchtig mit ins Horn geblasen hat, sonst wäre es schwerer gewesen, den Jungen zu überzeugen. Und das mit Jalta war ja ein Volltreffer! Sollen sie doch fahren, sie sind nur einmal jung. Wenn sie ihm dann die lang ersehnten Enkel schenken werden, ist es fürs Erste so oder so mit großen Reisen vorbei. Wie lange schon sehnt er sich Enkelkinder herbei. Erst hatten sie geglaubt, Bernd finde sich mit Mädchen überhaupt nicht zurecht. Die anderen Jungen in seinem Alter sind fast alle, bis auf einen Suffkopf, verheiratet. Und nun bringt der Junge so ein Mädel ins Haus! Da möchte selbst der alte Vater Schulze noch einmal jung sein! „So, ich sehe mir jetzt die Nachrichten im Fernsehen an", meint er. „Ja, und hinterher kommt wieder eine Folge vom Polizeiruf 110, den muss ich heute unbedingt sehen", ergänzt die Mutter. „Obwohl die Rangen in der 4. Klasse längst schlafen müssten, sehen doch fast alle diese Serie. Morgen fragen sie mir wieder Löcher in den Bauch. Wenn ich die Folge gesehen habe, kann ich wenigstens Antwort geben." Auch sie geht ins Haus. „Hast du Lust, diesen Käse anzugucken, oder setzen wir uns lieber vor dem Haus auf die Gartenbank?", fragt Bernd. „Natürlich Gartenbank", sagt Susann schnell. „Der Winter hier oben im Gebirge ist lang genug. Wir wollen die paar schönen Sommerabende, die uns hier beschert sind, ausnutzen. Fernsehen können wir das ganze Jahr." „Wie recht du hast. Sind wir doch wenigstens in dieser Frage einer Meinung", scherzt Bernd. „Was heißt hier in dieser Frage? Gibt es Fragen, wo wir nicht einer Meinung sind?", will Susann wissen. „Nein", lügt Bernd, „alles klar."

Wie kann er ihr jetzt sagen, dass ihn diese ganze FDJ ärgert? Wie viele Abende könnten sie zusammen verbringen? Aber immer ist irgendetwas los mit der FDJ und Susann muss mitmachen. Im Herbst soll sie sogar 14 Tage auf einen Lehrgang gehen. Das kann ja heiter werden! Das Beste wäre, bald zu heiraten. Wenn sie Kinder betreuen muss, hat sie für andere Sachen keine Zeit mehr. Doch er weiß auch, dass er Susann nicht drängen darf. Sie will mit Recht ihre Jugend erst noch genießen. Für den Kochtopf ist immer noch Zeit. Eigentlich freut er sich auch auf Jalta. Es ist doch viel bequemer als im Zelt. Wenn auch nur halb so romantisch. Er fährt gerne nach Mecklenburg an einen abgelegenen See. Wenn auch dort alles sehr primitiv ist, so kann man doch 14 Tage mal leben wie ein Einsiedler, und angeln kann man da auch recht gut. Es wäre das erste Mal mit Susann gewesen. Ob ihr diese Abgeschiedenheit gefallen würde, hat er schon bezweifelt. Sie geht doch so gerne aus und ist lieber unter Menschen. So ist das mit Jalta schon gut. Hoffentlich klappt alles so wie geplant.

Sie sitzen Schulter an Schulter auf der Bank und träumen vor sich hin. Susann ist in Gedanken schon in Jalta und freut sich auf das Fliegen. Es wird das erste Mal sein. Endlich kann sie dann auch mitreden, wenn sich die anderen drüber unterhalten. Bernd denkt mit flauem Gefühl im Magen an den Verkauf des Autos. Wohl ist ihm dabei nicht. Doch für dieses Angebot lohnt es sich schon. Und was Vater einmal versprochen hat, das hält er. Das muss man ihm lassen!

„Hallo, du alter Piepentitscher", ruft es von der Straße her. Es ist Paul. Er geht wie Bernd angeln, ist nur in einer anderen Angelgruppe. Doch sie sitzen oft gemeinsam an der Trinkwassertalsperre, der Lehnmühle hier in der Nähe. Was dieser Mensch für sagenhaftes Glück hat, das ist unbegreiflich! Alle anderen sitzen oft schon Stunden am Wasser und fangen nichts. Er kommt, rennt aber nicht wie die anderen sofort ans Wasser und wirft seine Angel aus. Gemächlich geht er immer dem Wasser zu, hält mit diesem und jenem noch ein Schwätzchen. Dann packt er seine Geräte aus. Seinen Stuhl baut er auf, richtet sein Futter, macht seine Ruten fertig. Kaum hat er ausgeworfen, beginnt es auch schon zu „zuppeln". Meist dauert es dann nicht lange und er hat den ersten Karpfen am Haken! „Komm doch rüber, wir trinken eine Flasche Bier gemeinsam", ruft Bernd ihm zu. „Ich gehe und hole zwei Flaschen", sagt Susann. „Ihr trinkt doch aus der Flasche, wie ich euch kenne!", ruft sie noch über die Schulter und verschwindet um die Hausecke. Paul nähert sich und reißt schon in zehn Metern Entfernung die Arme, so weit es geht, auseinander. „So einen Burschen habe ich gestern im Einlauf gesehen! Er kreist in der Vorsperre herum. Den kriege ich noch! Habe schon Erbsen eingeweicht. Morgen in aller Frühe fahre ich raus." „Ja, du hast es gut, Rentner müsste man sein." „Lass mal, du kommst auch noch da hin. Wenn ich deine hübsche Freundin so sehe, möchte ich auch noch kein Rentner sein! Wäre ich so alt wie du, würde ich sie dir auf der Stelle ausspannen. Da wirst du dieses Jahr wenig Zeit zum Angeln haben", er setzt sich neben Bernd auf die Bank und blinzelt ihm vielsagend zu. „Freundin hin, Freundin her", erwidert Bernd. „Die Zeit zum Angeln nehme ich mir. Ist doch nichts schöner als ein Sonnenaufgang am Fischwasser. Habe dieses Jahr immerhin schon zwölf Karpfen gefangen, der größte war 62 cm." „Mein größter Karpfen in diesem Jahr bisher war 67 cm", meint Paul. „Aber der in der Vorsperre ist bestimmt einen Meter groß. Den hole ich mir." Susann kommt mit dem Bier. „Also, dann auf deinen Erfolg morgen und lass mir auch noch ein paar Karpfen drin! Am Sonntagmorgen will ich es auch wieder mal versuchen." Bernd sieht man die Vorfreude bereits an. „Ja, darfst du denn morgens schon so früh aus den Federn?" Paul schaut verschmitzt auf Susann. Die weiß natürlich sofort, wie das gemeint ist. „Von mir aus kann er morgens so früh, wie er will aus dem Bett, wenn er nur abends da ist", kontert Susann. „Ich befürchte nur, wenn er abends da ist, dann wird ihm das Aufstehen am nächsten Morgen schwerfallen. Das kenne ich doch, trotz meines Rentnerdaseins", scherzt Paul wieder. „Ach, der kann noch so spät ins Bett gehen oder einschlafen, wenn Sie wissen, was ich meine." Dabei blickt sie Paul tief in die Augen, dass sogar dem alten Paul ganz anders wird. „Wenn er angeln gehen will, braucht er morgens keinen Wecker. So, wie der Morgen graut, ist er hellwach. Anders dagegen, wenn er arbeiten muss." „Schlafen und ins Bett gehen ist zwar ein großer Unterschied", beginnt Paul wieder, „doch ich glaube, das macht erst den richtigen Angler aus. Mir ging es auch die ganzen Jahre so. Entweder man ist Angler mit Leib und Seele oder man sollte es lassen. Nichts hasse ich mehr, als wenn am Wochenende die Anglerscharen aus der Stadt anrücken. Mit Kind und Kegel und am Fischwasser eine Art Rummel veranstalten! An solchen Tagen gehe ich gar nicht erst. Wenn, dann nur am frühen Morgen, wenn die noch nicht da sind. Ehe der Trubel losgeht, habe ich meine zwei Karpfen schon im Kescher. Oder ich verziehe mich in einen Winkel, wo so schnell keiner hinkommt", berichtet Paul und nimmt einen tiefen Zug aus der Bierflasche. „Was waren das früher für Zeiten!", beginnt er wieder. „Da saßen an den Wochenenden höchstens fünf Mann am Wasser! Da ist keiner ohne seine zwei Karpfen heimgegangen. Auch herrliche Schleien hat es gegeben. Aber die ganzen Gewässer sind heute überangelt. Es gibt doch mehr Angler als Fische! Jeder Arsch kann heutzutage angeln gehen. Wenn es aber um die Arbeitseinsätze geht, sieht man immer wieder nur die Gleichen. Doch keiner wird rausgeworfen! Jedes Jahr das gleiche Spiel. Es macht wirklich keinen Spaß mehr." „Die Angelgebühren müssten 200 Mark im Jahr kosten, dann würden nur noch die angeln gehen, die auch wirklich Lust dazu haben", ist Bernds Meinung. „Ja, mach das mal den Herren vom DAV-Ausschuss begreiflich. Angeln soll ein Volkssport werden. Die ganze Wettangelei ist doch nur Tierquälerei. Da steht einer am anderen. Von hinten ertönt Musik in voller Lautstärke. Das Ganze wird abgehalten wie ein Jahrmarkt! Pfui Teufel! Mit Erholung hat das alles nichts mehr zu tun", stößt Paul zwischen ein paar kräftigen Schlucken aus der Flasche hervor. Lange hält er die leere Flasche noch aufrecht an seinen Lippen, damit ja kein Tropfen verloren geht. „Für mich wird es Zeit", sagt Paul, nachdem nun wirklich der allerletzte Tropfen die Flasche verlassen hat. „Der Bursche in der Vorsperre verlangt nach mir. Vielen Dank für die Bewirtung und …", dabei schaut er wieder begehrlich auf Susann, „einen recht angenehmen Abend." „Ja, dir auch und für morgen ein kräftiges Petri Heil!", gibt Bernd mit einem tiefen Gefühl innerer Genugtuung zurück. „Wollen wir schlafen gehen oder noch ein Weilchen hier sitzen bleiben?", fragt Susann. „Wenn ich es mir richtig überlege, möchte ich lieber noch hier sitzen bleiben, es ist ein so schöner Abend." Dabei streicht Bernd liebevoll über die Schulter von Susann. „Du hast recht, ich hole dir noch ein Bier und mir einen Saft. Lassen wir es dunkel werden, ehe wir die Zelte abbrechen." Susann ist der gleichen Meinung. Dann sitzen sie eng umschlungen auf der Gartenbank vor dem Haus.

Hier, wo schon Großvater und Großmutter, Vater und Mutter gesessen haben. Umgeben von den heimatlichen Bergen. Über ihnen beginnt sich mehr und mehr das Sternenbild am unendlichen Himmel abzuzeichnen. Beide schauen sie hinauf, in stiller Einkehr, glücklich über ihr Dasein. Wie schön ist doch die Welt! Kann es nicht immer so sein? Warum muss es Krieg und Zerstörung geben? Warum können die Menschen auf diesem Erdball nicht friedlich nebeneinander leben? Ja, warum ist das so? „Mir wird kalt", bricht Susann das Schweigen. „Lass uns hinaufgehen. Morgen beginnt wieder ein langer Arbeitstag. Ich darf gar nicht an die Konferenz bei der FDJ-Kreisleitung denken. Das letzte Mal wäre ich fast eingeschlafen." „Bei solch einem Wetter fällt jede Arbeit schwer. Da kann man die Menschen in den südlichen Ländern verstehen. Nur sehen wollte ich sie auch mal." Sehnsüchtig blickt Bernd hinauf zu den Sternen. „Freue dich doch, die Reise nach Jalta ist doch schon etwas!", sagt Susann. „Jalta ist bestimmt schön. Aber warum darf ich nicht auch einmal nach Italien, Spanien, Griechenland?", will Bernd wissen. „Das wird auch noch kommen", erwidert Susann nur, erhebt sich und geht in Richtung Haustür.

Oben in der Dachkammer kann Bernd nicht mehr an sich halten. Er umschlingt Susann, ihre Lippen vereinen sich zu einem innigen Kuss, der viele Male wiederholt wird. Langsam spürt Bernd das Feuer in Susann aufsteigen. Sie zieht ihn zum Bett, das Leuchten in ihren Augen ist zum Feuer geworden. Jetzt ist Susann nicht mehr die Dame, als die sie sich oft gibt. Jetzt ist sie einfach Frau. Eine Frau, die mit aller Hingabe zu lieben versteht und Bernd fast um den Verstand bringt! Hier unter diesem Dach, in der Bodenkammer im Erzgebirge, lieben sich zwei Menschen, wie es an diesem Abend bestimmt Tausende tun werden, und ein jeder wird denken, dass er der glücklichste Mensch der Welt ist. So, wie es die Menschen getan haben und tun werden, solange sich die Erde dreht.

Bernd und Susann stehen an diesem Samstag früh auf. Sie wollen spätestens um acht Uhr auf dem Automarkt in Dresden sein. Auch Vater Schulze hat es sich nicht nehmen lassen und ist schon aus den Federn. Als Susann noch im Bad ist, fährt Bernd mit dem Moped schon hinunter ins Tal. Dort hat ein Bäcker bereits ab sechs Uhr frische Brötchen. Im Vorraum stehen zwei Drahtkörbe, worin sich die Brötchen befinden. Daneben ist eine Kasse des Vertrauens. Jeder kann sich seine Brötchen nehmen und gibt dann das Geld in die Kasse. Als Bernd gerade hinein will, kommen zwei ältere Männer heraus. „So eine Schweinerei", schimpft der eine, „die müsste man fotografieren und lebensgroß ins Schaufenster hängen. Meistens sind es Leute, die es gar nicht nötig haben." Dabei macht er mit der rechten Hand die übliche Bewegung zwischen Daumen und Zeigefinger. „Da stehen die Bäcker in der halben Nacht auf, um zu backen, und die, die sich viel später erst aus dem Nest wälzen, bestehlen sie noch." Der andere nickt zustimmend. Als Bernd dann in den Vorraum kommt, sieht er den Grund des Ärgernisses: Neben der Kasse des Vertrauens hängt ein Schild: „Bei weiteren Unstimmigkeiten der Kasse wird diese Art des Verkaufs eingestellt!" „Ist das nicht traurig?", sagt Bernd zu einer Dame mittleren Alters, die auch gerade hereinkommt und das Schild studiert. „Da kann doch keiner sagen, er hat die 10 Pfennige nicht für ein Brötchen", empört sie sich. „Warum sind die Menschen nur so? Schon einmal hat die Gemeindeverwaltung die Differenz in der Kasse bezahlt, nur damit der Bäcker bei der Selbstbedienungskasse bleibt. Er selbst hat ja nichts davon. Nur könnten die Leute dann erst ab sieben Uhr, wenn die Verkäuferinnen da sind, ihre Brötchen kaufen." „Davon habe ich auch gehört." Zustimmend nickt nun auch Bernd den Kopf. Am liebsten hätte er mehr Geld eingeworfen, als er Brötchen genommen hat. Doch halt! Warum gerade er? Wer gibt ihm etwas? Warum soll er für den Betrug der anderen geradestehen? Wenn es jemand merkt, kommt er noch in falschen Verdacht. So nimmt er sich das, was er bezahlt hat, sieht noch einmal kopfschüttelnd zum Schild und macht sich auf den Heimweg.

„Also, wann und wo soll ich euch abholen?", fragt Vater Schulze. „Du hast doch alle Unterlagen mit, Bernd? Auch den vorbereiteten Kaufvertrag, wo nur noch der Name eingesetzt werden muss? Denke auch daran, die Bestätigung der vereinbarten Summe, hoffentlich eine recht große, nochmals extra unterschreiben zu lassen!" „Ja, ja, alles beisammen", erwidert Bernd gelangweilt, da ihm diese Frage heute schon zum x-ten Mal gestellt wird. „Wir werden die Kiste schon loskriegen. Susann, hast du dein Scheckheft mit, damit wir für dich auch noch etwas Flottes kaufen können?", fragt Bernd nur noch und sitzt schon hinter dem Steuer.

Das Starten klingt bei dieser Russenkiste wie die imitierten Geräusche aus der Stummfilmzeit. Endlich, nach vielen Umdrehungen, springt der Motor an. Zunächst läuft er noch etwas unrund, doch bald knattert er gleichmäßig. Bernd legt den Gang ein, zwinkert der Mutter noch einmal zu und setzt den Wagen in Bewegung.

Vaters ehemaliger großer Stolz aus Freundesland rattert vom heimatlichen Hof. Etwas wehmütig schaut Vater Schulze hinterher. Mag es auch ein altes Auto sein, es sind doch viele gute Erinnerungen damit verbunden und bequemer als jetzt im neuen Trabi hat man auch gesessen. Was soll's, der Trabi genügt ihren Anforderungen. So weit fährt er ja doch nicht mehr. „Hast du deinem Vater gesagt, wo er uns abholen soll?", fragt Susann besorgt. „Aber ja. Um 12 Uhr neben der Abfahrtstelle der Busse. Wenn alles glattgeht, schaffen wir das spielend", erwidert Bernd und gibt dem Gefährt die Sporen.

„Fahr doch nicht so schnell!", klagt Susann, als Bernd etwas zu rasant in eine Kurve geht. „Willst du uns Jalta noch in letzter Minute kaputt machen?" Das war nun das Zauberwort für Bernd. Er geht vom Gas herunter und fährt vernünftig. Plötzlich vor ihnen zwei Bremslichter! Gefühlvoll geht Bernd in die Bremsen, bringt dadurch den Wagen etwa einen Meter hinter einem Lada zum Stehen. „Uff", stöhnt Susann, „das wäre noch einmal gut gegangen!" „Warum hält dieser Trottel auch kurz hinter der Kurve?", kann Bernd nur murmeln. Er darf gar nicht daran denken, was passiert wäre, wenn er die Kurve genauso schnell angefahren hätte wie die vorherige! Schon quietschen hinter ihnen wieder Bremsen und ein Trabi hält ganz kurz hinter ihnen. Der Fahrer ist blass geworden und schüttelt immer wieder den Kopf. „Was mag da passiert sein? Es sieht ja aus, als hätte eine Bombe eingeschlagen", stellt Susann, nun wieder gelöster, fest. Bernd kann noch keine Antwort geben, der Schreck sitzt ihm noch zu tief in den Gliedern. Als sie dann näher kommen, sehen sie die Bescherung. Ein Fernlastzug aus Schweden ist von der Fahrbahn abgekommen, in den Straßengraben geraten und umgekippt. Er hat tiefgefrorene Rehe geladen. Die sind im weiten Umkreis auf der angrenzenden Wiese verstreut. Eine Schar Schaulustiger hat sich eingefunden. So kann Bernd nicht allzu viel sehen. Außerdem wird er durch einen Polizisten mit einer Handbewegung zum zügigen Vorbeifahren aufgefordert. „Der Jakop hat mal gesagt", beginnt Bernd das Gespräch wieder, „dort, wo die alten Germanen mit ihren Ochsenkarren gefahren sind, fahren wir auch heute noch. Noch genauso schmal. Jede Kurve muss man fahren und durch jede Ortschaft! Da werden große Rechnungen gemacht, wenn ein Lkw schneller als 80 km/h fährt, wie viel Diesel er mehr braucht. Doch wie viel er einsparen würde, wenn es Umgehungsstraßen gäbe, hat noch keiner ausgerechnet. Wie viele Male müssen die Lastzüge auf so einer Straße hier unnütz bremsen und wieder beschleunigen? Bei jedem Radfahrer, es gibt ja keine Radwege, müssen sie fast anhalten und danach 40 Tonnen wieder in Schwung bringen. Was da Kraftstoff gespart werden könnte, mal abgesehen von der Umweltverschmutzung und Lärmbelästigung. Aber das begreifen die einfach nicht." Wen er mit „die" meinte, wusste Susann ganz genau. Bei jeder Gelegenheit musste Bernd seit einiger Zeit auf den Staat schimpfen. Das gefällt ihr ganz und gar nicht! Doch sie ist sich sicher, sie wird ihn schon wieder hinbiegen. Darum erwidert sie nur: „Lass doch die Straßen Straßen sein und freue dich auf den heutigen Tag!" „Aber dass sie sich nicht schämen, so eine Huckelpiste als Transitstraße zu bezeichnen! Die vielen Ausländer, die hier durchfahren, was sollen die von diesem Land denken?" Weiter kommt er nicht, Dresden ist erreicht. Nun muss sich Bernd konzentrieren, er fährt nicht gerne in die Stadt. Nach einigen Nachfragen, bei denen Susann immer den Vermittler spielt, gelangen sie an den Platz des Autohandels. „Du lieber Gott, was ist denn hier los? Nur gut, dass wir so früh losgefahren sind. In einer Stunde ist hier die Hölle los", entfährt es Bernd. „Hier, Susann, hast du meine Geldbörse. Ich glaube, wir müssen Gebühren bezahlen." An der Einfahrt zum Platz stehen zwei Absperrkegel. Nur zwischen denen hindurch gelangt man auf das Gelände. „Guten Morgen, schöne Frau, wenn Sie den Wagen verkaufen wollen, bitte 10 Mark. Dann können Sie den ganzen Tag bleiben." „Ist das nicht ein wenig happig?", entsetzt sich Susann, reicht aber dennoch einen Schein hinaus. „Das Geld können Sie ja auf den Kaufpreis aufschlagen", antwortet der Typ mit einem hämischen Grinsen auf den Lippen, die vom vielen Rauchen schon ganz braun sind. „Siehst du", belehrt Bernd, „hier am Eingang geht der Schwindel schon los." Langsam fahren sie an den aufgefahrenen Autos entlang. „Dort drüben, neben dem grünen Lada, ist noch eine Lücke", macht Susann Bernd aufmerksam. Sie kommen gerade noch rechtzeitig. Von der anderen Seite hat sich ein Trabi auch der Lücke genähert. Bernd fährt vorsichtig rückwärts hinein. „So, das wäre geschafft", schnauft er. „Wir bleiben zunächst im Auto sitzen und beobachten den ganzen Trubel erst einmal. Dreh bitte die Seitenscheibe etwas herunter, da können wir die Gespräche besser hören", fordert er Susann auf.

Und dann kommen die Scharen. Viele wollen nur mal so schauen, manche haben auch echtes Kaufinteresse. Langsam kommen sie in den Gassen zwischen den aufgestellten Autos heran. Sie schauen rechts und links. Diskutieren, lassen sich Motor- und Kofferraum öffnen, kriechen halb unter die Wagen und klopfen sie ab. Nun wird es Bernd doch etwas mulmig. Soll er sich hier zum Affen machen, den Leuten das halbe Auto auseinandernehmen und vorführen? Das liegt ihm ja nun ganz und gar nicht! „Komm, wir steigen aus und lassen das Fenster einen Spaltbreit offen. Da können die Leute ihre Angebote wie in einen Briefkasten einwerfen. Ab und zu gehen wir her und sehen nach", erklärt Bernd und ist auch schon aus dem Wagen ausgestiegen. Damit ist auch Susann einverstanden. Obwohl sie sich unter Menschen sehr wohlfühlt, ist ihr diese Gafferei doch auch zuwider. Zunächst stellen sie sich hinter den Wagen, so, als wollten sie auch nur schauen. Für den Lada nebenan beginnt man sich schon zu interessieren. Dessen Zustand lässt allerdings sehr zu wünschen übrig. Gleich hinter den Lampen, rechts und links, beginnt er mächtig zu „blühen". Die Unterkanten an den Türen sind total verrostet und an manchen Stellen kann man sogar hineinsehen! Der Lack ist nur noch matt und seine ehemalige Farbe kann man nur erahnen. Diesen Wagen kann man nur noch zur Ersatzteilgewinnung, sprich: zum Ausschlachten, verwenden. Doch den meisten Kaufwilligen geht es überhaupt nicht um den Zustand des Wagens. Das Wichtigste sind die Papiere. Die Leute, die sich so einen

Wagen leisten können, haben auch Beziehungen! So lassen sie sich einen neuen Wagen aufbauen und benötigen, nur der Form halber, die Fahrzeugpapiere. Das scheint der Kumpel nebenan begriffen zu haben! Denn was sich soeben vor Bernds Nase abspielt, kann er kaum fassen. Ein Mann, Ende vierzig, hatte sich den Lada von allen Seiten betrachtet. Mit den Fingern fährt er nun an den Türkanten entlang, schaut auf den Tachometerstand. Das Fahrzeug muss schon weit über 100.000 km haben. Der Tachometer zeigt jedoch nur 57.000 km an. Der Typ nebenan steht daneben, als gehe ihn die ganze Sache nichts an. „Also, der Wagen ist zu verkaufen?", beginnt der Interessent. „Ja, das auch", gibt der Typ gelassen zurück. „Was soll er denn kosten?", wird wieder gefragt. „Was wird denn so geboten?" „Na ja, ich dachte so 15.000 Mark." Der Typ nebenan verzieht das Gesicht zur Grimasse. „Du willst wohl nur das Getriebe kaufen?", grient er. „Mehr ist die Karre ja auch nicht wert", braust der Bewerber auf. „Na, dann warte doch die 16 Jahre, bis du mit deiner Bestellung dran bist", gibt er gelassen zurück. Er nimmt sich eine Zigarette aus der Schachtel und zündet sie mit einem sehr teuren Feuerzeug an. Nachdem er einen tiefen Zug gemacht hat, blickt er gelangweilt in die Runde. Der Bewerber für den Wagen interessiert ihn überhaupt nicht mehr. Das ist ein ganz Ausgekochter! Der weiß genau, dass er den Wagen noch besser absetzen kann!, schießt es Bernd durch den Kopf. Er zieht Susann zur Seite. „Das kann ich mir nicht mehr mit ansehen. So etwas müsste doch bestraft werden!", stößt er empört hervor. „Solange die Leute freiwillig zahlen, ist es nicht strafbar", belehrt ihn Susann. „Ich brauche Luft, gehen wir ein Stück." Sie gehen die Gasse hinunter. Da kommen sie an einem Trabi vorbei. Einer fragt fast ehrfürchtig nach dem Preis. „Zurzeit sind wir bei 14", meint der Verkäufer. „Ist das nicht mehr als der Neupreis?", kann sich Bernd nicht verkneifen. „Ich muss das Auto nicht verkaufen", beginnt der wieder. „Ich bin schon den zweiten Samstag hier. Verschenken kann und will ich ihn nicht. Habe mir hier vor Kurzem einen Lada, zehn Jahre alt, für 22.000 Mark gekauft. Hätte ich das nicht hingelegt, hätte ich ihn nicht bekommen. Also, warum soll ich den Trabi halb verschenken? Ist doch logisch, oder?" Bernd kommt immer mehr ins Grübeln. So etwas kann es doch nicht geben! Dass es hier nicht mit rechten Dingen zugeht, hat er ja geahnt, aber dass es so schlimm ist, hat er nicht einmal in seinen kühnsten Vorstellungen vermutet. Damit erhöht sich natürlich die Möglichkeit, den Moskwitsch vom Vater gut abzusetzen. „Komm", sagt er zu Susann, „wir gehen erst einmal hinüber zum Kiosk, einen Kaffee trinken." „Ist genehmigt", antwortet sie. Du lieber Gott! Sie hatten gemeint, der Autohandel wäre alles gewesen. Doch weit gefehlt! Entlang des angrenzenden Gehsteigs blüht der Handel mit fast allem! Eine riesige Auswahl an Auto-, Motorrad- und Moped-Ersatzteilen! Alles, was es im Geschäft nicht gibt, wird hier zu horrenden Preisen angeboten! Und die Menschen kaufen wie die Verrückten! Geld spielt überhaupt keine Rolle – Hauptsache, man bekommt das lang ersehnte Ersatzteil. Am hinteren Ende hat sogar einer einen Grill aufgebaut und verkauft Bratwürste. Sie gehen mit den Pappbechern etwas zur Seite, damit sie nicht angestoßen werden, und sehen dem bunten Treiben zu. Ein Wartburg verlässt soeben den Platz. Es ist unschwer zu erkennen: Zwei Partner sind sich einig geworden und brechen zur Probefahrt auf. Die Formalitäten werden dann gewöhnlich außerhalb, in einem stillen Winkel, ohne Publikum erledigt. „So müssen wir es auch machen", Bernd zeigt auf die Davonfahrenden. „Auf jeden Fall", entgegnet Susann. „Ich habe keine Lust, wie ein Schalterbeamter vor allen Leuten die Scheine nachzuzählen." „Gehen wir mal zum Auto – nachsehen", Bernd schiebt Susann wieder ins Gedränge. Sie gehen zurück zum Wagen. Das Auto wird zwar betrachtet, so sehen sie von Weitem, aber ernsthafte Käufer scheint es keine zu geben. Auch liegt im Wagen kein Zettel, wie sie beim Näherkommen feststellen. „Ich fürchte, wir müssen hier beim Wagen bleiben", stellt Susann fest, „sonst bekommen wir ihn heute nicht los." „Na ja, es ist erst 10 Uhr, es wird schon noch werden", entgegnet Bernd zuversichtlich. Und sie kommen und gucken und gucken und kommen. Einige Male haben sie schon gedacht, es beiße einer an. Doch dann ist außer ein paar Fragen nichts herausgekommen. Plötzlich tippt jemand

Bernd auf die Schulter. Erschrocken fährt er herum. Vor ihm steht ein gut gekleideter Herr, so um die fünfzig. Er hat eine dicke Zigarre im Mund, auf dem Kopf trägt er einen braunen Lederhut. Seine Schweinsäuglein blicken Bernd munter an, als er fragt: „Gehört Ihnen dieser Wagen hier?" Und er wippt mit seinen fetten Daumen leicht hinter sich, wo Susann neben dem Moskwitsch steht. „Ja, doch", kann Bernd nur hervorstottern, denn er ist durch die plötzliche Anrede sichtlich erschrocken. „Na, so schlecht sieht er doch noch gar nicht aus. Wie viel soll er denn kosten?" Bernd will gerade den Mund aufmachen, da mischt sich Susann in das Gespräch. „Also jetzt sind wir bei 12." Gemächlich dreht sich der etwas beleibte Herr zu Susann um. „Der Preis wird wohl von der Frau Gemahlin gemacht?" Wohlwollend blickt er sie an. „Da muss ich mich also an Sie wenden?" „So war das nicht gemeint", antwortet sie keck. „Doch es waren schon einige da, denen haben wir gesagt, sie sollen so gegen 12 Uhr noch einmal vorbeischauen, dann wollen wir uns entscheiden." Als wenn er nichts gehört hätte, läuft er um den Wagen herum und betrachtet ihn von allen Seiten. „Moment bitte", sagt er zu Bernd, der wie angewurzelt neben der Fahrertür stehen geblieben ist. Er öffnet die Tür und zwängt sich hinein. „Die Sitze sind noch gut gepolstert und so weit in Ordnung. Bei Ihrem Gesicht nehme ich stark an, der Tachometerstand stimmt auch. Ich zahle Ihnen 12.500 Mark in bar, wenn ich den Wagen sofort mitnehmen kann." Bernd schaut aufgeregt zu Susann. Die rollt mit den Augen, als wenn sie nachdenken würde. „Na gut, weil Sie es sind", gibt sie zurück und jeder Schauspieler hätte sie um ihr Talent beneidet. Jetzt hat sich auch Bernd wieder in der Gewalt. „Wünschen Sie zunächst eine Probefahrt?", fragt er vielleicht etwas zu schnell. „Obwohl ich diesen Wagentyp kenne, wäre es mir schon recht. Man soll die Katze nicht im Sack kaufen. Dann wäre es mir auch lieb, die Formalitäten anderswo zu erledigen, braucht nicht jeder mitzubekommen", damit blickt er vielsagend in die Runde. „Möchten Sie gleich fahren?", fragt Bernd, schon sichtlich erleichtert. „Wenn es Ihnen recht ist, gern", und damit zieht er sich auch schon den Gurt über den gewaltigen Bauch.

Susann hat bereits hinten im Fond Platz genommen, und als Bernd neben dem Herrn sitzt, setzt sich das Fahrzeug auch schon in Bewegung. Der scheint es aber verdammt eilig zu haben, denkt Bernd. Mühsam bugsiert er den Wagen durch die Massen. Mit Prusten und Schnaufen ist es ihm schließlich gelungen, bis auf die Straße zu gelangen, wo er den Wagen beschleunigt und die Gänge einmal durchschaltet. Man spürt, er fährt so einen Typ nicht das erste Mal. „Ich bin selbstständiger Fleischermeister aus der Lausitz, habe meinen Wagen vor ein paar Tagen zum Teufel gefahren. Totalschaden." Er hebt nur bedauernd die Schultern. „Ehe der wieder neu aufgebaut ist, kann ein Jahr vergehen, hat meine Werkstatt gesagt. So brauche ich dringend ein Fahrzeug. Ihr habt mir auf dem ganzen Platz den anständigsten Eindruck gemacht, darum kaufe ich den Wagen." An einer günstigen Stelle fährt er rechts heran. „In Ordnung", sagt er nur und fingert ein Bündel Geldscheine aus seiner Jackettasche. Nachdem er recht umständlich eine dicke Hornbrille auf die Nase geklemmt hat, überfliegt er kurz den Kaufvertrag. „Hier unten muss ich noch unterschreiben, mein Junge?" In recht großen Lettern setzt er mit seinen sprichwörtlichen Leberwurstfingern seine Unterschrift. „Da, Chefin, hier ist das Geld!" Ächzend dreht er sich etwas herum und reicht Susann die Scheine. Diese nimmt, nun doch mit etwas zittrigen Fingern, das Geld in Empfang. „Na, sicherlich noch nie einen so großen Haufen Geld auf einmal gesehen?", grinst er. „Ja", gibt Susann ehrlich zu. Sorgfältig zählt sie es zwei Mal, dann steckt sie es behutsam weg. „Wo darf ich Sie absetzen?", fragt er. „Da vorne ist eine Straßenbahnhaltestelle, wir steigen gleich hier aus." Bernd kann es gar nicht erwarten, endlich auszusteigen, und es ist ihm anzusehen, wie froh er ist, dass alles so reibungslos ablief. Sie verabschieden sich und wünschen noch „Allzeit gute Fahrt". Bernd sieht dem entschwindenden Wagen nach. Hatten doch auch ihn viele schöne Stunden mit dem Auto verbunden. „Auf in die Geschäfte, wir haben ja noch viel Zeit", jubelt Susann. Lustlos trottet Bernd nun hinterher.

Pünktlich um 12 Uhr ist Vater Schulze mit dem neuen Trabi am vereinbarten Treff. Schon von Weitem kann man seine fragende Miene erkennen. „Na, alles geklappt?", ist seine Frage, noch ehe sie ihn richtig erreicht haben. „6.000 Mark haben wir bekommen", scherzt Bernd. Wie von der Tarantel gestochen fährt der Vater herum. „Ist das euer Ernst?", fragt er ganz entsetzt. „Ich habe mich geschämt, für die alte Karre mehr zu verlangen", versucht es Bernd mit schlecht gespieltem Ernst. Doch Vater Schulze kennt seinen Sohn und durchschaut ihn sofort. „Nun mal ehrlich, wie viel?", fragt er noch einmal und schaut Susann dabei scharf an. Die hält dem durchdringenden Blick nicht lange stand. „Zwölf fünf", ist ihre befreiende Antwort. „Ach, ihr Engel", der Vater von Bernd strahlt übers ganze Gesicht, „das habt ihr ja wunderbar gemacht! Ich lade euch hiermit zum Essen ein. Hier gleich in der Nähe ist eine hervorragende Gaststätte, da fahren wir jetzt erst mal hin." „Das ist ja klasse", jubelt Susann, „dafür bin ich immer zu haben!"

Schon als sie um die Ecke biegen, sehen sie die wartende Menschenschlange vor der Tür der Gaststätte stehen. Sie nennt sich „Ostrava" und führt original böhmische Küche, weswegen sie immer recht gut besucht ist und man besser vorbestellen sollte. „Um Himmels willen", stöhnt Susann, „hier bekommen wir heute bestimmt nichts mehr zu essen!" „Abwarten", meint der Vater, „bis 14 Uhr ist Mittagstisch, und wenn wir uns etwas gedulden, bekommen wir schon Plätze. Manchmal wird ganz schnell ein Tisch frei." „Halt an, Vater!", ruft Bernd. „Ich steige aus und stelle mich an. Ihr bringt den Wagen weg." Er springt fast aus dem Auto, denn vom Parkplatz nähern sich schon wieder einige Personen, die den Eingang der Gaststätte ansteuern.

Er muss einige Zeit warten, bis Vater und Susann da sind. „Es ist unmöglich, hier in der Nähe einen Parkplatz zu bekommen. Wir sind bestimmt einen halben Kilometer gefahren, nur um eine Parklücke zu finden. Der hauseigene Parkplatz ist rappelvoll", erzählt der Vater, indem er sich durch die Menschen zwängt, die in der Zwischenzeit gekommen sind. „Hallo! Was denken Sie, warum wir hier stehen?", regt sich einer auf. „Wir gehören zu diesem jungen Mann!", grunzt Vater im Vorbeidrücken. „Na, da bekommen wir nichts mehr", sagt der Mann mittleren Alters enttäuscht zu seiner Frau, die sich aufgeputzt hat wie ein Pfingstochse. „Es wird immer verrückter, Liebling. Ich werde wohl an den Wochenenden wieder kochen müssen. Man regt sich ja mehr auf, als die ganze Sache wert ist. Wenn man dann das Essen bekommt, hat man vor lauter Ärger keinen Appetit mehr." „Das nächste Mal fahren wir aufs Land. Da ist es bestimmt besser", sagt er beschwichtigend. „Aber nur in ein Erholungsgebiet, wo es auch ordentliche Gaststätten gibt! In so eine verräucherte Dorfkneipe bekommst du mich nicht!" „Nein, nein", erwidert der geplagte Ehemann schnell und sieht beklommen in die Runde. „Ich kenne da schon einige sehr gute Restaurants." Durch das Öffnen der Tür wird er fast im Satz unterbrochen. Der Kellner erscheint und fragt die Nächststehenden höflich, wie viele Plätze sie benötigen. Zunächst verschwinden sechs Personen hinter der Tür, dann nochmals vier. Danach rührt und rührt sich nichts mehr. Das Gesicht von Susann, die sich auf ein fabelhaftes Essen gefreut hat, wird immer länger. Bernd schaut verdrossen auf die Kastanienbäume neben der Tür. „Nur ein wenig Geduld", ermuntert sie der Vater, „für die Warterei werdet ihr dann mit einem köstlichen Menü belohnt. Ihr könnt euch heraussuchen, was ihr wollt – heute ist mir nichts zu teuer." „Jetzt ist es schon halb zwei. Ich glaube an gar nichts mehr", bringt Bernd gelangweilt hervor. Und er sollte damit recht behalten. Ein paar Minuten später kommt der Kellner erneut heraus und läuft an der wartenden Schlange entlang. Genau vor der Nase von Susann schiebt er den Arm quer durch die Wartenden. „Bis hierher, meine Herrschaften. Ich bitte darum, dass die anderen wieder gehen. Mehr können wir leider nicht mehr bewirten. Um 14 Uhr ist Küchenschluss und da haben wir noch alle Hände voll zu tun, diese Leute …", dabei weist er auf die in Richtung Tür Stehenden, „abzufertigen!" „Sind wir denn hier am Bahnhofsschalter? Ein Umgangston ist das heutzutage!", empört sich die Dame wieder. Vor allem deshalb, weil auch sie wieder gehen soll. „Und um uns das zu sagen, haben Sie uns eine Stunde warten lassen?" „Es tut mir aufrichtig leid, meine Dame", entgegnet der Kellner höflich, aber sehr gelassen und man merkt es ihm an, dass er solche Auftritte schon gewohnt ist, „ich erfülle hier nur meine Pflicht. Wenn Sie sich beschweren wollen, steht Ihnen selbstverständlich das Beschwerdebuch zur Verfügung." „Beschweren! Davon werde ich auch nicht satt! Komm, Werner, wir gehen." Damit setzt sie sich nach einer brüsken Kehrtwendung in Bewegung. Der arme Ehemann, der jetzt sicherlich die Schuld an dem ganzen Malheur zugeschoben bekommt, schleicht wie ein geprügelter Hund hinterher. „Was machen wir jetzt?", fragt Bernd enttäuscht. „Hier in der Stadt bekommen wir jetzt um diese Zeit nichts mehr zu essen. Ich würde vorschlagen, wir fahren in Richtung Heimat. Etwa auf halber Strecke kenne ich eine schöne kleine Privatkneipe, da bekommen wir bestimmt noch etwas Ordentliches zu beißen." „Mir ist jetzt schon alles egal", murmelt Susann tonlos. „Hat die alte Fregatte doch recht behalten! Schade, es war bisher ein schöner und erfolgreicher Tag! Doch man kann eben nicht alles auf einmal haben." „Schon gut", Vater Schulze legt versöhnlich den Arm um Susanns Schultern. „Die Gaststätte kenne ich auch. Da bekommst du zur Entschädigung eine Rieseneisbecher. Na, ist das ein Wort?" Da leuchten die Augen von Susann wieder auf. „Ich nehme dich beim Wort." „Versprochen ist versprochen." Verschmitzt schaut er auf Susann herab und sie machen sich auf, den Trabant zu suchen.

Sie biegen von der Hauptstraße ab und fahren dem Wald zu. Am Waldrand, idyllisch gelegen und umgeben von uralten Fichten, die sich jedoch auch langsam von der Spitze her braun färben, steht die Gaststätte. „Erzgebirgsbaude" steht in geschwungenen Buchstaben über der Eingangstür. Im Gastraum befinden sich circa zwanzig Tische im alten Bauernstil. Über jedem hängt eine Lampe, reichlich mit erzgebirgischen Schnitzereien verziert. Auf mehreren Wandborden stehen Nussknacker, Räuchermänner,

Blumenkinder und vieles mehr. An der anderen Wand befindet sich eine Glasvitrine, die mit den schönsten Schnitzereien fast überfüllt ist. Der Raum strahlt Wärme und Gemütlichkeit aus, sodass man sich sofort heimisch fühlt. Susann kommt aus dem Staunen nicht heraus. „Kommt, wir setzen uns dort hinten gleich ans Fenster", Vater Schulze hat wieder beste Laune. Als sie Platz genommen haben, vernehmen sie ein lustiges Gezwitscher. „Seht mal, ist das schön!" Susann kann es kaum fassen. Das Fenster ist nach außen vertieft worden und als Vogelkäfig ausgebaut. Es sind kreuz und quer dicke und dünne Äste angebracht, auf denen einige kleine Vogelnester angebracht sind. Lustig schwirren und hüpfen die Finken herum und man kann sich gar nicht sattsehen. „Der Gastwirt hat früher bei der HO als Kellner gearbeitet. Er wollte die Gaststätte, in der er arbeitete, so ähnlich einrichten und hat auch viele Verbesserungsvorschläge gemacht. Doch bei der Kreisverwaltung der HO ist er nur auf taube Ohren gestoßen. So hat er sich mit viel Mühe und Rennerei selbstständig gemacht. Natürlich hat er nur hier, weit ab von der Hauptstraße, ein Objekt bekommen. Aber seht, was er daraus gemacht hat! Heute ist er ein gefragter Mann! Ohne Vorbestellung bekommt man am Abend keinen Platz", berichtet Bernd. „Ja, ja, die Gastronomie lässt noch viel zu wünschen übrig", meint der Vater nur. Ihm als treuem Genossen ist so ein Thema peinlich. Doch Bernd lässt nicht locker. Das muss er einfach auskosten, obwohl er den Vater sehr verehrt. „Er war der beste Kellner im ‚Bären'", beginnt Bernd wieder. „Nachdem seine Vorschläge wegen Materialmangel und aus Kostengründen abgelehnt worden waren, hat er den Antrag gestellt, sich selbstständig zu machen. Er hat aber kein Gewerbe bekommen."

„Wieso nicht?", unterbricht ihn Vater. „Gewerbeanträge werden doch jetzt sehr großzügig behandelt." „Ja, das schon. Aber wahrscheinlich hatten sie Angst, dass sie die beste Fachkraft verlieren. Deswegen war die HO, die ja gefragt werden muss, nicht damit einverstanden. Aber der Mann hat Mut und Charakter! Er hat gekündigt; gehen lassen mussten sie ihn ja. Dann hat er bei der Gemeinde angefangen und den Traktor gefahren. Im Winter hat er damit Schnee geräumt. Da waren die Wege morgens um fünf Uhr sauber. Was er macht, macht er mit Fleiß und Zuverlässigkeit. Dann, im Herbst, hat er aufgehört und ist als Heizer in ein Ferienheim gegangen. Als dann der Winter kam, hatte die Gemeinde keinen zuverlässigen Schneepflugfahrer. Man ist wieder an ihn herangetreten und hat ihn gebeten, noch einen Winter lang diese Arbeit zu tun. Er hat geantwortet: ‚Nur, wenn ich die Gaststätte am Wald kaufen kann und im Frühling das Gewerbe bekomme.' Man musste nachgeben und seht, was daraus geworden ist!" Weiter kommt Bernd nicht, denn der eben Erwähnte tritt an den Tisch und will die Bestellungen aufnehmen. „Guten Tag, was wünschen die Herrschaften?", beginnt er in freundlichem Ton. „Ja ...", Vater Schulze blickt den Wirt etwas besorgt an, „wir sind noch nicht zum Mittagessen gekommen und möchten fragen, ob wir bei Ihnen noch etwas bekommen." „Nun ja, die Mittagszeit ist zwar lange vorbei, ich werde aber gleich in der Küche nachfragen, was noch zu machen ist. Hungern brauchen Sie auf keinen Fall!" „Das wäre sehr nett von Ihnen." Bernd wittert Morgenluft. „Und haben Sie auch Eisbecher?", kann sich Susann nicht halten. „Natürlich. Ich bringe Ihnen die Eiskarte." Der Wirt wackelt aufmunternd mit den Augenbrauen und lächelt Susann an. Als er dann wiederkommt, schiebt er ihr als Erstes die Eiskarte zu, ehe er beginnt: „Also, wenn es schnell gehen soll, kann ich Ihnen noch anbieten: Schnitzel oder Steak mit Bratkartoffeln, Rühr- oder Spiegelei. Drei Rouladen sind auch noch da." „Ich esse Schnitzel!", ruft Susann sogleich. „Ich hätte gern eine Roulade. Und du, Bernd, bestimmt auch?", fragt Vater hinüber. Bernd gibt zur Bestätigung nur ein Kopfnicken.

So sind sie dann doch noch satt geworden. Nachdem sie dem Wirt ihr Wiederkommen versprochen haben und Susann mit Hingabe ihren Eisbecher gelöffelt hat, fahren sie dem heimatlichen Ort zu, wo Mutter schon aufgeregt warten würde, um den Ausgang des heutigen Tages zu erfahren.

Susann hat mit Jalta alles klargemacht. Wie abgesprochen hat sie die Reise beantragt und auch bekommen. Der Tag der Abreise rückt näher. Beide, Bernd und Susann, sind schon ganz außer Rand und Band. Es wird überlegt, was man mitnehmen würde und welche Wünsche die Eltern haben, was man ihnen mitbringen soll. Susann möchte sich auf alle Fälle eine Matroschka mitbringen. Darauf freut sie sich ganz besonders. Vater Schulze hat versprochen, die beiden nach Dresden zum Flughafen zu bringen. Er hat extra einen Tag Urlaub genommen. Am Abend vor der Abreise ist Susann wieder bei den Schulzes. Die Maschine geht zwar erst um 16 Uhr, doch sie möchte lieber hier schlafen. So sitzen sie noch lange auf der Terrasse und plaudern. „Versucht auf alle Fälle, einen Ausflug auf das Schwalbennest zu unternehmen", schwärmt Mutter. „Das ist nicht immer im Programm vorgesehen. Aber wenn man schon dort ist, muss man es unbedingt gesehen haben. Es liegt herrlich! Angeschmiegt an einer Felsklippe über dem Meer." Sie ist wieder ins Schwärmen geraten. „Ja, Mutter", erwidert Bernd, „wir werden die gesamte Krim erkunden. Ich freue mich schon riesig, war eine prima Idee von dir." Und damit drückt er Susann, die neben ihm sitzt, fest an sich. Lange wird an diesem Abend noch erzählt. Schließlich mahnt Susann zum Schlafengehen, denn zum Erzählen allein ist sie auch nicht hergekommen.

Am Flughafen ist es gar nicht so leicht, einen Parkplatz zu bekommen. Schließlich will man das Gepäck nicht so weit schleppen. Aber sie haben Glück. Soeben fährt ein Trabi weg und sie bekommen eine recht günstige Parklücke. An der Eingangstür werden sie schon angesprochen. „Guten Tag, gehören Sie zur Reisegruppe nach Jalta?", fragt eine Frau im mittleren Alter. Sie hat sich hübsch zurechtgemacht und vermittelt einen sympathischen Eindruck. „Ja, sind wir", entgegnet Susann schnell. „Dann sind Sie bei mir hier richtig. Mein Name ist Schwartz, ich bin Ihre Reiseleiterin. Herzlich willkommen! Sie sind die Letzten. Damit sind wir vollzählig und können zu den Formalitäten übergehen."

Sie versammeln sich in einer Ecke um die Reiseleiterin. Geduldig erläutert sie den Reisenden, was und wie sie alles auszufüllen hätten, gibt hier und da gute Ratschläge und ist sofort bei allen beliebt. Bevor es zur Zollkontrolle geht, beginnt das große Abschiednehmen. Überall hört man liebe Worte: schönes Wetter, guten Flug und die üblichen Wünsche. „Also dann, ihr Lieben", sagt Mutter Schulze, die es doch noch möglich gemacht hat mitzukommen, mit belegter Stimme, der man nicht genau entnehmen kann, ist es der Abschiedsschmerz, der in solchen Situationen doch immer wieder aufkommt, oder der Wunsch, einfach mitfliegen zu können. „Macht euch ein paar schöne Tage im Freundesland! Und, Susann, keine Angst vorm Fliegen, oben geblieben ist noch keiner!" Lachend fallen sie sich noch einmal in die Arme. „Wir sehen zu, wie ihr startet, obwohl ihr uns bestimmt nicht sehen werdet." Vater drückt Bernd noch einmal fest die Hand. Dann verschwinden die beiden hinter der Zollabfertigung.

Die Zollkontrolle verläuft reibungslos. Als man dann im Transitraum ist, formieren sich die Gruppen wieder. „Wir sind die vorletzte Gruppe", wendet sich die Reiseleiterin an die Reisenden. „Ich möchte Sie bitten, möglichst dicht beisammenzubleiben und nicht zu drängeln. Es bekommt jeder einen Sitzplatz. Wir haben noch circa 20 Minuten Zeit. Wer möchte, kann noch etwas trinken. Hier gibt es Radeberger Bier." Dabei zwinkert sie vielsagend mit den Augenlidern. „Kurz bevor es losgeht, finden Sie sich bitte wieder hier an dieser Stelle ein." Sofort lösen sich einige von der Gruppe und gehen zum Bierausschank. „Ich hole mir auch ein Bier, vielleicht ist es das letzte", scherzt Bernd. „Mach mir nicht noch mehr Angst, es reicht so schon", bringt Susann mit bebender Stimme heraus. „Jetzt, wo es gleich so weit ist, wird mir doch ein bissel anders zumute. Bring mir doch bitte einen Schnaps mit, den, wie ihn die beiden Frauen da drüben trinken." „Ist gemacht", grient Bernd und einen Augenblick später können sie auf ihre gute Reise anstoßen.

Schon lange, ehe der Zeitpunkt zum Besteigen des Flugzeuges gekommen ist, beginnt unter den Wartenden ein Stoßen und Schieben. Die Menschen rücken immer dichter zusammen und es wird mehr und mehr in Richtung Ausgang geschoben. Susann hat sich an Bernds Arm gekrallt. Sie wird von einem Hünen von Mann fast erdrückt. Dann wird die Tür geöffnet. Wie verrückt stürmen die Vorderen auf das Flugzeug zu. Erst als schon fast die Hälfte der Fluggäste durch den einen Türflügel gepresst worden ist, gelingt es dem Angestellten, den anderen Flügel zu öffnen. Immer wieder ist er weggeschoben worden. Einige Versuche sind schon fehlgeschlagen. Doch mit äußerster Kraftanstrengung ist er wieder herangekommen und kann nun auch den zweiten Türflügel öffnen. Dann strömen die Massen hindurch. Man könnte meinen, man habe es hier nicht mit Menschen zu tun, sondern mit Vieh, das den ganzen Tag auf der Weide in praller Sonne zugebracht hat und nun zum erlösenden Wasser drängt! Eine Frau ist mit der Jackentasche in die Türklinke gefahren. Verzweifelt versucht sie, sich zurückzudrücken, um sich aus dieser misslichen Lage zu befreien. Vergeblich! Erbarmungslos wird von hinten geschoben. Ihre Schreie hört keiner! Dann, mit einem Geräusch, als wenn ein Baum beim Fällen durchgesägt worden sei, sich langsam wegdrehe und dann durch das Unterholz zu Boden falle, wird ihr die Tasche der Lederjacke abgerissen und sie wird mit dem Menschenstrom mitgezogen! Die Besatzung der sowjetischen Maschine, die sie fliegen wird, schüttelt nur den Kopf, sie lachen sich halb tot. Ein Mann mit zwei Krücken kann auf einmal rennen wie ein Wiesel! Als er jedoch an einer Betonkante ins Straucheln gerät, wird er einfach umgerissen und keiner kümmert sich um ihn. Bernd kann so etwas nicht mit ansehen. Er bückt sich nach ihm und hilft ihm hoch. Dabei muss er mit aller Kraft die vorbeidrängenden Massen abdrücken. Als sie dann glücklich in das Flugzeug kommen, sind natürlich die besten Plätze weg. Alle Fensterplätze sind auf beiden Seiten besetzt und nur am Mittelgang ist jeweils rechts und links ein Platz frei. Zum Glück können sie wenigstens so sitzen, dass nur der Gang sie trennt. Einige vernünftige Ehepaare, die nicht so gedrängelt haben, sitzen nun so, dass der Mann ziemlich hinten zu sitzen kommt und die Frau viel weiter vorn! Susann kann sich über das Benehmen dieser doch erwachsenen Personen maßlos aufregen. Nachdem sich dann der Tumult um die Plätze gelegt hat, tritt eine sonderbare Stille ein. Jeder schaut gespannt, so gut es eben von seinem Platz aus geht, zum Fenster hinaus. Neugierig wird der letzte Check verfolgt. Dann heulen die Motoren auf und der Vogel setzt sich kaum merklich in Bewegung. Langsam rollt das Flugzeug der Startbahn zu. Nach einer Drehung auf das Rollfeld bleibt es erneut stehen. Für alle Passagiere eine unendlich lange Zeit! Doch dann wird das Dröhnen der Motoren immer stärker. Ein Vibrieren geht durch den Rumpf und mit einem Mal beginnt das kolossale Gefährt, davonzusausen. Es wird immer schneller. Susann reicht den Arm über den Gang zu Bernd herüber. Dieser fasst ihre Hand und hält sie ganz fest. Dann hebt sich der Bug an und beinahe unmerklich steigt der Silbervogel auf. Als sie sich etwas erholt hat, macht Susann den Hals lang und wagt den ersten scheuen Blick aus dem Fenster. Unter ihnen liegt die Stadt Dresden. Wie in der Spielzeugschachtel kann sie verschiedene Bauten der Siedlung sehen. Deutlich kann man den Zwinger erkennen, das Schlängelband der Elbe und den Hauptbahnhof. Jetzt legt sich der Vogel auf die Seite, um in Richtung Osten abzudrehen. Da muss sich Susann wieder an den Ärmel von Bernds Hemd krallen. Sie blickt ihn an. Mit noch etwas vor Angst geweiteten Augen, aber unsagbar glücklich. Bald verschwinden sie in den Wolken und fliegen in froher Erwartung ihrem Urlaubsziel entgegen.

Das Hotel in Jalta ist einfach Spitze! Sie haben ein Zimmer im 10. Stock mit Ausblick auf die Stadt. Noch lange stehen sie auf dem Balkon und schauen auf das Lichtermeer der Stadt und des Hafens. Trotz der Anstrengung der Reise können sie sich nicht sattsehen an diesem wunderbaren Panorama. Bernd hält Susann fest umschlungen und ist sich sicher, mit dieser Reise hat er die wunderschöne Susann für immer fest an sich gebunden. Ob das wirklich so sein wird, würde die Zukunft bringen.

Schon lange vor dem Frühstück ist Bernd wach. Er steht wieder auf dem Balkon und schaut auf die Stadt hinunter. Susann träumt in den Kissen. Wie schön und groß ist doch die Welt, denkt Bernd. Dort drüben, weit hinter dem Horizont, wo die Wasser des Schwarzen Meeres den Himmel berühren, liegen fremde Länder. Nie wird er sie sehen können! Hier, am Ostufer des Schwarzen Meeres, ist die absolute Grenze eines DDR-Bürgers. Bis hierher geht ihre touristische Beweglichkeit! Und schon hierher zu gelangen, ist für die meisten Menschen in seinem Land, noch dazu in dieser Jahreszeit, ein fast unvorstellbarer Traum! Um diese Jahreszeit sind solche Reisen meist nur den großen Genossen vorbehalten. Warum ist das so?, grübelt Bernd weiter. Wie kann man von Freiheit und Menschenrechten reden, wenn der ganz normale Wunsch nach Reisefreiheit mit Füßen getreten wird? Das kann und sollte nicht der Sinn des Sozialismus sein! „Na, Schatz, was träumst du denn schon wieder?", ertönt die helle Stimme von Susann aus dem Zimmer. Bernd schreckt aus seinen Gedanken auf. Er kennt Susann zu gut, um ihr jetzt seine Gedanken preiszugeben. Sie als überzeugte Kommunistin würde wieder die unmöglichsten Gegenargumente haben. Am Ende würden sie sich wieder streiten. Das war in letzter Zeit so oft der Fall. Vor allem, wenn es um politische Anschauungen geht. Er will sich und ihr den wunderschönen Tag nicht verderben. Darum dreht er sich nur halb zu ihr um und sagt: „Es wird heute ein wunderschöner Tag. Morgen in aller Frühe werde ich gleich baden gehen."

Während des Frühstücks gibt die Reiseleiterin das Programm für den heutigen Tag bekannt. Am Vormittag Freizeit, am Nachmittag soll es einen Ausflug mit dem Bus geben. „Das ist ja wunderbar", flüstert Susann in Bernds Ohr, als hätte sie Angst, belauscht zu werden, „da können wir dann gleich in das Kunstgewerbegeschäft gehen, ich habe es schon entdeckt. Ich möchte mir doch unbedingt eine Matroschka kaufen. Danach fahren wir in die Stadt und machen einen Bummel über den Basar."

„Dein Wunsch ist mir Befehl", flüstert Bernd zurück und schaut Susann begehrend in die Augen. „Ich hatte gesagt: ‚Einen

Stadtbummel', und nicht hinauf auf das Zimmer", gibt Susann in belehrendem Ton zurück. „Die Nacht war lang und schön, du solltest deine Kräfte einteilen, der Urlaub ist noch lang." Mit einem hellen Lachen springt sie vom Tisch auf. Sie fasst ihn bei der Hand und zieht ihn in Richtung Kunstgewerbeladen. Es ist einfach nicht zu begreifen, denkt Bernd, der Spürsinn, wo sich Einkaufsmöglichkeiten befinden, scheint den Frauen mit in die Wiege gelegt worden zu sein.

Susann kommt aus dem Staunen nicht heraus. Matroschkas in allen Größen und Ausführungen! Wunderschöne Holzschnitzereien, für die sich Bernd als Erzgebirgler wiederum sehr interessiert. Bunte Tücher in den herrlichsten Farben! Sowie viele kleine und größere typisch russische Reiseandenken. Lange suchen sie aus. Endlich hat sich Susann für eine Matroschka entschieden. Auch Bernd kann es nicht lassen. Er hat einen wunderbar geschnitzten Bären im Auge, den er sofort ins Herz geschlossen hat. Sie gehen vor an die Ladentafel. „Matroschka", sagt Susann und zeigt der Verkäuferin, für welche sie sich entschieden hat.

Nachdem das Ausgewählte verpackt ist, holt Susann die Rubel heraus. Entsetzt schaut die Verkäuferin auf die Scheine. Ein Wortschwall kommt aus ihrem Mund, dem Susann mit ihrem Schulrussisch nur entnehmen kann, dass Rubel nicht genommen werden. Verständnislos schauen sie die Verkäuferin an. Sie können einfach nicht verstehen, warum die Landeswährung nicht anerkannt wird. Da zeigt die Verkäuferin auf ein Schild hinter dem Schaufenster. In großen Buchstaben steht da geschrieben: DEVISEN. Wie Schuppen fällt es Bernd von den Augen: „Wir sind in einem Intershop. Hier wird nur harte Währung genommen", stößt er zynisch hervor. Susann läuft puterrot an. „Aber, aber, wir sind doch hier bei Freunden", stottert sie. „So etwas kann man doch mit uns nicht machen!" „Freunde hin, Freunde her", meint Bernd, „Geld regiert die Welt, aber richtiges Geld, nicht diese Lappen, wie wir sie hier haben. Komm, wir gehen nach oben, um uns von diesem Schreck zu erholen."

„Ja", kann Susann nur erwidern. Sie ist inzwischen weiß wie eine Kalkwand geworden. Diese Blamage hat sie sichtlich mitgenommen. Gefügig lässt sie sich von Bernd zum Ausgang dirigieren.

Oben in ihrem Zimmer lässt sich Susann müde in einen Sessel fallen. „Ich kann das alles nicht begreifen! Wir als Freunde bekommen nichts zu kaufen, aber der Klassenfeind kann die besten Dinge erwerben. So etwas kann doch nicht wahr sein!" Sie ist den Tränen nahe. „Siehst du", Bernd hat einen traurigen Unterton in der Stimme, „wir sind eben nur Menschen zweiter Klasse. Wie viele Male habe ich schon versucht, dir das klarzumachen?" Susann ist aufgesprungen und auf den Balkon gegangen. „Aber einmal werden wir es denen da drüben", und sie weist in Richtung Westen, „schon zeigen. Einmal wird der Sozialismus siegen und dann seid ihr die Dummen." Bernd, der an der Balkontür stehen geblieben ist, schüttelt den Kopf. Er geht ins Zimmer zurück, zündet sich, entgegen seiner Gewohnheit, eine Zigarette an. Gewaltig bläst er den Rauch gegen die Zimmerdecke und fragt sich immer wieder: warum? Es ist einfach entwürdigend und diskriminierend! Er bringt in seinem Betrieb überdurchschnittliche Leistungen, geht regelmäßig zur Arbeit und ist auch sonst ein ordentlicher Mensch. Warum wird er hier so behandelt? Außerdem ist er schon viele Jahre in der Deutsch-Sowjetischen-Freundschaft. Doch was nützt es ihm hier? Er wird wieder einmal eines Besseren belehrt. So hat er sich den Sozialismus nicht vorgestellt. Am schlimmsten trifft es ihn jedoch, dass Susann die Schuld daran beim bösen Klassenfeind sucht. Warum will sie es nicht begreifen? Sie hat sich verrannt! Dieser Sozialismus ist nicht die Erfüllung. Leben ist doch einfach mehr! Er holt tief Luft. Er ist sich wohl bewusst, wenn er jetzt mit Susann eine Diskussion beginnt, ist der Urlaub gelaufen. Darum wartet er noch etwas und raucht seine Zigarette gemächlich zu Ende. Dann tritt er hinaus auf den Balkon. Behutsam legt er die Hand auf die Schulter von Susann. „Komm, wir wollten doch auf den Basar gehen", sagt er in weichem Ton. „Das wird dich auf andere Gedanken bringen. Es soll sehr lustig dort sein und gesehen haben muss man den auch mal. Wir haben noch ein Riesenprogramm vor. Wer weiß, ob wir später noch einmal Gelegenheit dazu haben." „Du hast recht", sagt Susann trocken, „gehen wir." Sie dreht sich herum und schiebt Bernd durch die Balkontür.

Der herrliche Urlaub nähert sich langsam seinem Ende. Was haben sie schon alles erlebt! Busfahrten zu einem Kolchos, zur Pionierrepublik Artek, eine Weinverkostung. Nur zum Schwalbennest sind sie noch nicht gekommen. Susann ist schon ganz krank. Täglich liegt sie der Reiseleiterin in den Ohren. Zwei Tage vor der Abreise gibt diese dann bekannt: „Morgen Nachmittag ist wieder Freizeit. Sie können also den Nachmittag frei gestalten. Baden gehen, in die Stadt fahren oder Ähnliches. Wer allerdings Interesse hat, kann gemeinsam mit mir zum Schwalbennest fahren. Es liegt nicht im Reiseprogramm, aber ich würde mich bereit erklären, wenn einige zusammenkommen, sie dorthin zu bringen. Wir können mit dem Schiff fahren. Die Kosten müsste aber jeder selbst übernehmen. Wer mit möchte, findet sich dann bitte morgen um 13 Uhr am Haupteingang ein." Sofort ist ein großes Hallo in der Runde. Der größte Teil der Mitreisenden ist hell begeistert und würde am liebsten sofort losfahren. Bernd und Susann freuen sich auf den morgigen Tag. Wird es doch ein Höhepunkt auf ihrer Reise.

Am Kai, an der Anlegestelle des Schiffes, ist schon lange vor der Abfahrt eine große Menschenmenge versammelt. Doch die Reiseleiterin beruhigt die Anwesenden. „Das Schiff ist groß genug, es werden alle mitkommen."

Und so ist es dann auch. Als das Schiff ablegt und auf das Meer hinaus dreht, muss sich Susann wieder an Bernd festklammern, denn es beginnt, sich doch beachtlich auf den Wellen zu wiegen! Obwohl es fast windstill ist. Zunächst blickt sie nur auf den Schiffsboden. Nach einer Weile hebt sie langsam den Kopf und blickt aufs Meer hinaus. „Oh, sieh mal, da draußen, Delfine!", ruft sie entzückt aus. Tatsächlich treiben nicht weit vom Schiff entfernt Delfine ihr possierliches Spiel. Inzwischen haben auch andere Passagiere die Tiere gesehen. Mit freudigen Ausrufen verfolgen nun alle die graziösen Bewegungen dieser edlen Meeresbewohner. So vergeht die Überfahrt der Bucht von Jalta wie im Flug. Plötzlich ertönt der Ruf von vorn: „Da, das Schwalbennest!" Tatsächlich erhebt sich jetzt vor dem Schiff, hoch oben auf einer Felsklippe, majestätisch das kleine Schloss, welches nicht zu Unrecht „Schwalbennest" genannt wird und vom Schiff aus erst richtig zur Geltung kommt. Wie ein Schwalbennest schmiegt es sich an die Felswand. Die Fotoapparate klicken. Jeder der Fahrgäste ist überwältigt von diesem Anblick. Nachdem man das Schiff verlassen hat, muss man über einen geschwungenen Pfad bergauf wandern. Nun zeigen die Erzgebirgler, was in ihnen steckt. Sie erreichen gerade noch rechtzeitig das Schlösschen, welches heute als Gaststätte fungiert, denn von der anderen Seite her naht eine weitere Reisegruppe, die mit dem Bus gekommen ist. Schnell schlüpfen sie hinein. Und was haben sie für ein Glück! In der Nische ganz vorn, wo man den besten Ausblick hat, werden gerade einige Plätze frei. Sie können sich so setzen, dass sie einen herrlichen Ausblick auf das Meer haben. Natürlich wird ein Glas Krimsekt getrunken. Wie verzaubert schauen sie aufs Meer hinaus, auf dem sich gerade die milde Nachmittagssonne spiegelt. Susann ist in diesem Augenblick der glücklichste Mensch auf dem gesamten Erdball! Nun kann sie endlich mitreden! Das Schwalbennest in Jalta, ja, da war ich schon, kann sie nun endlich auch von sich behaupten. Bernd sieht sie verzückt an. Er meint, sie noch nie so glücklich gesehen zu haben. Ihr zauberhaftes Gesicht strahlt eine Seligkeit aus wie eine Madonna. Eine ihrer Haarsträhnen hängt über die rechte Wange, fast bis zum Mund. In ihren Augen spiegeln sich Meer und Sonne. Bernd glaubt, einen noch nie gesehenen Glanz zu erkennen. So sollte sie ewig bleiben. Was hat er doch für ein Glück, so einen Engel von Mädchen zu haben. Sie reden kein Wort, schauen sich tief in die Augen und wissen, dieser Tag wird unvergesslich für sie beide sein, egal, was mal kommen mag.

Vater Schulze winkt schon von Weitem, als sie das Flughafengebäude verlassen. Sie fallen sich in die Arme. Susannes Redefluss ist wie ein Wasserfall. Sie möchte am liebsten alles auf einmal erzählen. „Nun mal langsam, Mädel", kann Vater Schulze nur dazwischenrufen, „wir setzen uns heute Abend gemütlich zusammen und dann erzählst du der Reihe nach."

Am Abend sitzen sie dann auf der Terrasse bei den Schulzens. Bernds Mutter hängt wie gebannt an den Lippen von Susann, denn nur sie erzählt. In Gedanken macht sie jeden Ausflug mit. „Ja", sagt sie, als Susann endlich zu Ende gekommen ist, „wenn man doch jedes Jahr so eine Reise unternehmen könnte." „In anderen Ländern kann man das", kann sich Bernd nicht beherrschen. „Und nicht nur in die Sowjetunion, sondern in alle Ecken dieser Erde. Warum dürfen wir da nicht hin?"

„Sei nicht ungerecht", sagt Mutter scharf, „manch einer wäre sehr froh gewesen, so eine Reise machen zu können." Bernd winkt nur ab. „Ich sehe mir noch die Nachrichten im Fernsehen an. Ihr könnt ja inzwischen beraten, wo wir das nächste Mal hinfahren." Damit verschwindet er im Haus. Kopfschüttelnd schaut die Mutter hinterher. „Ich möchte nur wissen, was mit dem Jungen ist? Er gefällt mir gar nicht mehr! Susann, du musst ihn fester an die Zügel nehmen." „Na ja, er ist ein wenig verärgert." Sie erzählt von dem Erlebnis im Andenkengeschäft von Jalta. „Trotzdem lässt er sich zu sehr von Adi verleiten. Ich ahne nichts Gutes. Die beiden hocken mir in letzter Zeit zu oft zusammen. Das gefällt mir ganz und gar nicht." Mutter macht ein sehr bedenkliches Gesicht. „Ach was, das bekomme ich schon wieder hin", Susann macht dabei eine sehr siegessichere Miene. Damit ist die Diskussion für heute beendet.

Der Alltag hat sie wieder gefangen genommen. Bernd trottet nun jeden Morgen wieder in die von ihm so verhasste Gießerei. Viele Male muss er seinen Kollegen von der Reise erzählen. Er begreift erst jetzt richtig, wie sehr er von einigen darum beneidet wird und wie froh er sein kann, diese Reise, noch dazu im Sommer, erhalten zu haben. Es gibt aber auch solche wie den langen Hans-Jürgen, die ihm offen auf den Kopf zusagen: „Wenn dein Liebchen nicht so dicke in der FDJ-Leitung wäre, hättest du diese Reise nicht bekommen! Die Leckerbissen teilen die Kommunisten doch unter sich auf. Ein kleiner Arbeiter kommt an so etwas ja gar nicht heran." Zunächst ist Bernd dem langen Hans-Jürgen bitterböse. Er dachte, der blanke Neid habe aus ihm gesprochen. Doch je mehr er darüber nachdenkt, desto mehr muss er feststellen, wie recht Hans-Jürgen doch damit hat. War es nicht wirklich so? Ohne die Beziehungen von Susann hätten sie die Reise nie bekommen, auch wenn es ein Platz war, der zurückgegeben wurde. Der wäre auch so weggegangen wie warme Semmeln. Fast schämt er sich nun vor den Kollegen, denn er kann sich des Gefühls nicht erwehren, sie hintergangen zu haben. Jakop hat die Gedanken von Bernd erraten. Wie gut er ihn doch kennt! Nach der Mittagspause tritt er an die Werkbank von Bernd heran. Er legt ihm seine Hand auf die Schulter und dreht sich mit dem Rücken zu den anderen. „Mach dir nichts aus dem Gequatsche", raunt er Bernd zu, „die beneiden dich doch nur, weil sie kaum in der Lage sind, sich so etwas zu leisten. Außerdem gönnen dir viele die Susann nicht. Sie ist ja auch bildhübsch. Doch das allein zählt ja nicht. Ihr seid, vor allem in politischer Hinsicht, sehr weit voneinander entfernt. Wenn du sie zu deiner Frau machen willst, wirst du noch sehr viel Ärger bekommen. Ob sie dann auf die vielen Lehrgänge verzichten wird, die doch nur hohles Gerede sind? Die meisten fahren ja nur mit, damit sie nicht arbeiten müssen und mit fremden Weibern ins Bett kriechen können." „Aber Jakop, du auch!" Bernd kann man das Entsetzen ansehen. „Mein Junge", beginnt Jakop wieder ruhig, „ich möchte dich nicht kränken, dazu habe ich dich zu gerne. Ich will dir nur reinen Wein einschenken, damit du mit offenen Augen durchs Leben gehst. Ich weiß, wie verliebt du in das Mädel bist. Doch sie ist sehr lebenslustig. Sie passt an keinen Kochtopf. Ob sie wohl immer den Komplimenten ihrer Anbeter widerstehen kann? Junge Liebe ist etwas sehr Schönes. Auch ich habe das erlebt. Doch prüfe gründlich, ob ihr beide gemeinsam durchs

Leben gehen könnt." Er klopft Bernd noch einmal väterlich auf die Schulter, dann geht er, ohne Bernd anzublicken, an seinen Arbeitsplatz zurück. Den ganzen Nachmittag hängt Bernd seinen Gedanken nach. Was die anderen über ihn reden, kann ihm ja egal sein. Doch Jakop hat immer den richtigen Riecher gehabt. Er hat ihm schon so viele gute Ratschläge gegeben. Doch dieses Mal musste er sich irren. Solche Augen wie die von Susann können nicht lügen! Zu schön und zu leidenschaftlich ist ihre Liebe. Das ist wahre Liebe, keine Heuchelei. Wahrscheinlich hat Jakop das unterjochte Dasein in seiner jetzigen Ehe zu sehr verbittert. So sieht er in jeder Frau einen Feldwebel. Verstehen kann er ihn ja!

Als Bernd gerade mit seinem Moped in die Hauptstraße einbiegen will, kommt Adi mit dem Kleintransporter angefahren. Ehe er sich recht versieht, quietschen die Bremsen und Adi winkt ihm. Er stellt sein Moped an die Seite und geht auf ihn zu. „Hey, alter Junge", schreit dieser ihm entgegen, „habe dich ja eine Ewigkeit nicht mehr gesehen! Habe gehört, du hast dich mit deiner Braut in Russland rumgetrieben." Vielsagend grinst er Bernd an, als er näher kommt. Das ist auch so einer, der mir Susann nicht gönnt, denkt Bernd. Mehrere Male hat Adi, noch lange, ehe Bernd fest mit Susann ging, versucht, sich an sie heranzumachen. Doch Susann hat ihn immer wieder wie einen Schuljungen abblitzen lassen. Das hat den schönen Adi sehr verwundert, da er fast immer erreicht hatte, was er wollte. Als er immer wieder abgewiesen wurde, wurde er sehr verbittert. Bernd vermutet nun, er hasst Susann regelrecht. Obwohl er sein bester Freund ist und regelmäßig bei ihm vorbeikommt, um kostenlos Bier zu trinken, bleiben seine Besuche aus, wenn Susann da ist. Oder er verdrückt sich gleich wieder. „Pass auf", sagt er schnell zur Fahrertür heraus, die er dazu halb geöffnet hat. Er steht an dieser Stelle sehr ungünstig. Einige Autos haben schon gehupt, doch das stört Adi für gewöhnlich nicht. „Heute Abend ist bei meinem Nachbarn Polterabend. Komm doch auch, kannst bei mir pennen. Oder lässt dich dein Fräulein Braut nicht?" „Ob sie es zulässt oder nicht – wenn ich kommen will, dann komme ich eben", sagt Bernd etwas verächtlich. Wie schlecht der doch

seine Susann kennt! Sie würde nie etwas dagegen haben, wenn
er ginge, oder sie würde selbst mitgehen, lustig, wie sie eben ist.
„Also abgemacht, 19 Uhr bei mir", brüllt er noch im Anfahren
aus dem Fahrzeug und braust davon. Nun ja, eigentlich wollte
er ja angeln gehen, überlegt Bernd. Susann hat wieder mit ihrer
FDJ zu tun und er hat an diesem Abend Zeit. Doch warum soll
er nicht zu diesem Polterabend gehen? Es ist zwar schlecht, dass
die Polterabende in letzter Zeit immer donnerstags veranstaltet
werden, aber morgen ist im Betrieb doch nicht allzu viel Arbeit
und so ist sein Entschluss schnell gefasst. Auch ist es wieder mal
schön, mit alten Freunden so richtig zu plauschen wie die alten
Waschweiber, so etwas braucht der Mensch doch auch ab und
zu einmal. Mit Vater ist das Problem schnell geklärt. Er hat versprochen, Bernd hinzufahren und gegen 23 Uhr wieder abzuholen. Auf das Angebot von Adi will er lieber nicht eingehen. Er
befürchtet, es würde wieder eine sinnlose Sauferei. So ist es schon
besser, er lässt sich von Vater abholen.

Pünktlich um 19 Uhr setzt Vater Bernd bei Adi ab. Er wohnt
jetzt ganz oben unter dem Dach, seit sich seine Frau von ihm hat
scheiden lassen. Nach der Scheidung hat er noch einige Male mit
ihr geschlafen. Doch sie sind zu unterschiedlich und sie will auch
die vielen Seitensprünge nicht mehr hinnehmen sowie seine Saufgelage, wenn er dann tagelang nicht nach Hause kommt. So war
die Scheidung der einzige Weg und sie kann mit ihrem Leben
noch etwas anfangen. Adi ist in seinen alten Lebensstil verfallen.
Er sitzt wieder tagelang in der Kneipe und schleppt Mädchen
mit nach Hause. Er geht aber immer sauber und ordentlich angezogen aus dem Haus. Seine Mutter wäscht für ihn. Wenn er
in Dresden ist, kauft er sich stets die neuesten Klamotten. Bernd
hat sich manchmal gefragt, wie er das eigentlich macht.

Adi hat ihn schon gesehen und bedeutet ihm mit den Händen,
zu ihm heraufzukommen. „Komm rein", begrüßt er Bernd,
„möchtest du ein Bier?" „Gerne." Bernd hat wirklich Durst bekommen. „Hier, setz dich in den Sessel. Ich habe neue Porno-

hefte, kannst sie dir gleich mal ansehen." Damit wirft er Bernd zwei Hefte zu. Gemächlich blättert dieser darin. „Im Prinzip ist es doch immer wieder dasselbe. Wo bekommst du die denn immer her?", will Bernd wissen. „Willst du mich aushorchen?", ist die Antwort. „Sieh nur genau hin, kannst vielleicht noch etwas lernen, was deine Susann noch nicht kann." Dabei grient er wie ein Vollmond. „Da mach dir mal keine Gedanken, die kann mehr, als du ahnst", gibt Bernd etwas spitz zurück. „So war das doch nicht gemeint, alter Junge, wir bleiben doch die Alten, egal, was wir für Weiber haben!"

Nochmals überzieht ein Grinsen sein Gesicht und er verschwindet im Nebenraum, um Bier zu holen. Dann erscheint er mit zwei Flaschen. „Oh, Radeberger", lobt Bernd, „das lass ich mir gerne gefallen!" Sie prosten sich zu. „Ist das nicht eine beschissene Zeit", beginnt Bernd wieder, „wegen ein paar Flaschen guten Biers rennt man sich die Hacken ab? Wenn es dann mal welches gibt, darf man nur fünf Flaschen mitnehmen." „Wie viele Kästen brauchst du? Ich besorge sie dir." Adi lacht verächtlich. „So ist das jetzt nicht gemeint, aber wir müssten doch so viele Jahre nach dem Krieg in der Lage sein, dass ein jeder so viel Bier kaufen kann, wie er will." Wieder lacht Adi in der gleichen Weise. „Die Kommunisten haben, was sie benötigen, nur der dumme Arbeiter in diesem Arbeiter- und Bauernstaat rennt sich nach allem die Hacken ab. Schade, dass du kein Westfernsehen hast, da kannst du dir die Biersorten raussuchen." Adi rückt näher an Bernd heran. „Glaube mir, jeder Tag in diesem Land ist einer zu viel! Jede Stunde Arbeitszeit ist eine zu viel! Sieh doch hin, was sie mit uns machen. Nur arbeiten kannst du, dann ist aber auch schon Schluss." Adi hat sich in Fahrt geredet. Er nimmt erst mal einen kräftigen Schluck. „Vielleicht hast du recht", erwidert Bernd, „so kann es einfach nicht weitergehen. Komm, wir wollen gehen, damit wir gute Plätze bekommen."

Vor dem Nachbarhaus ist schon eine tolle Stimmung. Ein paar Scherben liegen auch bereits vor der Tür. Eine beachtliche Schar Durstiger hat sich eingefunden. In Gruppen stehen sie zusammen und erzählen. Ein etwas beleibter Bauernjunge gibt bei den Jugendlichen aus dem Ort den Ton an. „Kommt, wir holen eine Leiter und binden einen Kinderwagen an den Schornstein", will er die anderen begeistern. Doch der Brautvater hat es schon gehört. Da er nicht dumm ist und jeden Ärger vermeiden will, lädt er alle ins Haus ein. Darauf haben einige nur gewartet. Sie stürmen ins Haus und zu den Getränken. Nachdem sich die ganz Durstigen hineingedrängt haben, gehen auch Bernd und Adi hinein. Wie angewurzelt bleibt Bernd an der Tür stehen. Er kann es kaum fassen. Brigitte Schmidt, seine erste große Liebe, ist die Braut. Hierher hat es sie also verschlagen! Wie hat er sie damals vergöttert! Sie wohnte einige Orte entfernt. In einer Disco hatten sie sich kennengelernt. Am gleichen Abend hat er sie dann nach Hause gebracht. Schon an diesem Tag wollte sie mehr als nur einen Abschiedskuss. Doch das ging Bernd viel zu schnell, braucht er doch immer eine gewisse Anlaufzeit. Einige Male haben sie sich dann noch getroffen. Doch er hatte sich, so die Äußerung von Brigitte beim Abschied, zu dumm angestellt. Sie suche einen richtigen Mann und keinen Schuljungen. Seit diesem Schluss haben sie sich nicht mehr wiedergesehen. Jeder war seinen eigenen Weg gegangen. Und nun dieses Wiedersehen! Was wird sie nur die vergangenen Jahre so getrieben haben? So, wie es aussieht, hat sie lange nach dem Mann ihres Lebens gesucht. Doch ob der jetzige der Richtige ist, wagt Bernd zu bezweifeln. Sie wird ihm schöne Hörner aufsetzen! Auch sie hat ihn, Bernd, sofort erkannt. Ein Blitzen in ihren Augen, kaum merklich, hat sie verraten. Das merkt aber nur, wer sie kennt. Um ihren Mund spielt ein Lächeln. Halb einladend, halb verächtlich. Ja, so ist sie, denkt Bernd. Erst will sie ganz schnell alles. Danach ist man abgeblitzt und sie wendet sich einem neuen Abenteuer zu. Nur gut, dass es damals so schnell wieder auseinanderging. „Komm endlich hier auf den Stuhl, sonst sind sie alle weg, genau wie die schöne Braut", ermahnt ihn Adi, dem das alles natürlich nicht entgangen ist. Er zieht Bernd neben sich nieder. „Hier, trink, der nächste Polterabend ist bei dir!" Adi legt den Arm um seinen Hals und raunt Bernd ins Ohr: „Sei froh, dass du die nicht heiraten musst." Vielsagend rollt er dabei mit den Augen. „Denn heiraten muss sie ja, aber wer weiß, warum?" Er nimmt sich eine Zigarette, zündet sie an und schaut verächtlich auf seinen Freund und Nachbarn, den Bräutigam. Bernd beginnt etwas Furchtbares zu ahnen, kennt er doch Adi viel zu gut. Doch dann denkt er, was geht das mich an? Er nimmt sein Glas zur Hand und lässt das Bier genüsslich durch die Kehle rinnen.

Viele Bekannte sind da, die man sonst wenig sieht, da fast jeder woanders arbeitet. So kann Bernd mit diesem und jenem gemütlich plaudern. Unter dem Motto: „Weißt du noch, damals?" Es ist ein buntes Treiben und es geht hoch her. Die Ersten beginnen schon, Rauschzustände zu bekommen, und reden geschwollen daher. Der Bräutigam hat bei seinen Freunden viel zu erzählen und schon ganz kleine Augen. Die Braut ist mal hier und mal da. Adi zieht es wieder verstärkt zum weiblichen Geschlecht. Er denkt immer noch, jede stehe auf ihn. Dabei hat er nicht gemerkt, dass er auch nicht mehr so taufrisch ist. Er flirtet mal hier und mal da. Ab und zu schaut Bernd auf die Uhr, um Vater nicht zu verpassen. Weiß er doch, Vater wird nicht hereinkommen. Ihm ist der Trubel zu groß. Außerdem befürchtet er, dumm angemacht zu werden. Wenn die Leute etwas getrunken haben, bringen sie schon mal den Mut auf, einem Genossen von der Kreisleitung gehörig die Meinung zu sagen. Um dem zu entgehen, wollen sie sich etwas entfernt vom Haus treffen.

Die Zeit ist wie im Flug vergangen. Und es gibt noch Fischsemmeln. Da stürzen sich die Gäste drauf, als gäbe es zurzeit eine Hungersnot! Einige greifen in die Schüssel und zerdrücken die Semmeln fast mit den Händen vor lauter Habgier und Alkohol. Ein Blick zur Uhr – herrje – schon 11 Uhr, Vater wird warten! Bernd verabschiedet sich so gut es geht von den Gästen um ihn herum. Adi kann er nirgends finden. Egal, ich muss weg, denkt Bernd, wer weiß, wo sich der Ganove wieder herumtreibt. Schnell noch einmal zur Toilette. Doch der ganze Hausflur steht voller Menschen. So beschließt er, in den Garten zu gehen, muss er doch sowieso in diese Richtung. Endlich hat er ein passendes Plätzchen gefunden. Es wird höchste Zeit und es hört ewig nicht auf, abzulaufen. Ja, ja, das liebe Bier kennt schon seinen Weg. Doch was war das? Ein Stück hinter ihm, dort, wo der große Rhododendronstrauch an den Schuppen stößt, hörte er gerade ein Rascheln. Auch ein Flüstern ist zu hören. Vorsichtig geht Bernd in diese Richtung. „Nein, Adi, das dürfen wir nicht mehr. Ich bin nur gekommen, um mich für immer von dir zu verabschieden", hört Bernd eine bekannte Stimme. „Was heißt hier für immer? Hat der Depp bis heute nichts gemerkt, so wird er nie etwas merken." Das war doch eindeutig Adis Stimme! Er hört beide aufgeregt und schneller atmen. „Nein, bitte nicht!" Und das war Brigitte, die Braut! Doch in ihrer Stimme schwingt mehr Einladung, das Begonnene fortzuführen, als ernsthafte Abwehr. Dann kann er noch hören, wie zwei Körper ins Gras sinken. Angewidert macht Bernd kehrt und fliegt regelrecht dem Gartentor zu. Und das an ihrem Polterabend! Am liebsten würde Bernd in die Kirche laufen und eine Kerze anzünden zum Dank dafür, dass er vor so einer Frau bewahrt worden ist!

Zum Frühstück in der Gießerei hat Bernd noch Kopfschmerzen, obwohl er nicht zu viel getrunken hat. Über sein Erlebnis im Garten wird er schweigen. Zum einen, weil er kein Schwätzer ist, zum anderen soll doch alles seinen Lauf nehmen. Er wird es eh nicht beeinflussen können. Es wird früher oder später kommen, wie es kommen muss, nur braucht er sich keine Vorwürfe zu machen. Sagt er irgendjemandem etwas, so wird es herumgehen wie ein Lauffeuer. Von Werkbank zu Werkbank, von Abteilung zu Abteilung und von Ort zu Ort, das kennt man doch.

„Na, Bernd, war wohl etwas viel gestern?", will der Jakop wissen. „Viel nicht, aber von der Bierbrühe, wenn ich einige mehr trinke, bekomme ich immer Kopfschmerzen." „Es kommt alles hinein, nur nicht das, was sollte. Die müssten mal nach dem deutschen Reinheitsgebot brauen. Aber da gäbe es nur halb so viel. Für die dummen Proletarier ist die Jauche doch gut genug. Die Herren

Genossen trinken schon bessere Sachen", ereifert sich der lange Jochen. „Einmal wird es anders. Ich werde es vielleicht nicht mehr erleben. Doch ihr Jungen. Jede Diktatur geht einmal zu Ende. Auch dieser Spuk wird einmal vorbei sein. Man kann kein Volk ewig einsperren und für sich arbeiten lassen. Selbst reisen die Genossen in der Welt herum. Einmal wird sich das Volk erheben und es wird bestimmt nicht mehr allzu lange dauern." In seinen Traum versunken blickt der alte Jakop vor sich hin und rührt in seiner Tasse. „Das glaubst du doch selbst nicht", braust der Jochen wieder auf. „Überall, in jedem Betrieb, sitzen die Stasi-Spitzel. Jeder von uns hat seine Stasi-Akte. Sie wissen jedes Wort, was einer irgendwo sagt. Es gibt genug von der Sorte, auch hier." Er neigt seinen Kopf in Richtung Nebentisch, wo Holger sitzt. „Was bringt es ein, aufzumucken? Man wird abgeholt und eingesperrt. Ich habe, ehrlich gesagt, keine Lust, meine besten Jahre hinter Gittern zu verbringen. Ändern würde ich an diesem System ja doch nichts." Jochen macht eine wegwerfende Handbewegung. „Ja", meint Jakop, immer noch vor sich hin blickend und in der Tasse rührend, „einer allein kann es nicht schaffen. Es müssen sich alle auf einmal und im ganzen Land erheben. Die Kommunisten haben auch aus der Geschichte gelernt. Alles, was sie zur Machterhaltung benötigen. Vom Mittelalter über König- und Kaiserreiche bis hin zum Hitler. Aus allem haben sie sich das für sie Wichtige herausgepickt. Es ist ein perfekt ausgeklügeltes System. Und die heute hier an der Macht sind, werden alles tun, damit es so bleibt. Besser können sie nirgends sonst auf der Welt leben. Vor allem müsste es friedlich geschehen, sie dürfen keinen Grund zur Gewaltanwendung bekommen. Die schrecken vor nichts zurück. Ich habe es doch 1953 erlebt. Da waren sofort die Russen da." „Und du meinst", Jochen lässt nicht locker, „das wäre heute nicht so? Fahre doch mal mit offenen Augen durchs Vaterland. Überall Russen, vor allem um jede größere Stadt herum. Die ersticken jeden Aufruhr bereits im Keim." Noch einmal macht Jochen die wegwerfende Handbewegung. Die Frühstückspause ist längst vorbei. Da sich langsam die Ersten erheben, gehen auch sie zu ihren Arbeitsplätzen.

Als Bernd zu seiner Werkbank kommt, wird er schon erwartet. Susann sieht ihm entgegen und es schaut aus, als wenn sie etwas auf dem Herzen hätte. Etwas, was sie bedrückt, aber auch glücklich zu machen scheint. Nichts Gutes ahnend geht Bernd auf sie zu und gibt ihr einen flüchtigen Kuss auf die Wange. „Was gibt's?", fragt er trocken. „Weißt du", beginnt sie zaghaft, „ich hatte ja schon angekündigt, dass ich zum Lehrgang muss. Für zwei Wochen. Am nächsten Montag fängt er an. Es tut mir leid, da ja am kommenden Samstag das Grillfest bei euch ist. Ich hatte mich schon so darauf gefreut. Doch auch am Samstag haben wir bis Mittag Schule. Und dann für ein paar Stunden von Thüringen hierherzukommen, das lohnt sich nicht." Sie kann ein Flattern in Bernds Augen erkennen und weiß, in ihm kocht es gewaltig. Deshalb beeilt sie sich zu sagen: „Es sind doch nur zwei Wochen, die werden schnell vergehen. Ich brauche es doch für mein Weiterkommen. Vielleicht kann ich dann auch bei der Kreisleitung der SED arbeiten wie dein Vater. Das Geld kann ich hier im Betrieb nie verdienen. Denke doch auch mal an unsere Zukunft." Sie hat ihre Hand an seine Brust gelegt und sieht ihn verliebt an. Was für ein Teufel doch in diesem Weib steckt! Sie hat genau den richtigen Ton gefunden. In Bernds Gesicht kann sie lesen wie in einem Buch. So kann sie feststellen, wie der größte Ärger bei ihm verfliegt. „Es fahren ja noch zwei Kollegen aus dem Betrieb mit." „So, wer denn?", fragt Bernd schon etwas gelöster. „Na, der Holger und die Katrin aus der Verwaltung", stößt sie schnell hervor, die bessere Laune von Bernd ausnutzend. Als der Name Holger fällt, verfinstert sich das Gesicht von Bernd wieder. Es ist ihm nicht entgangen, wie der rote Holger hinter Susann her ist und Bernd um dieses Mädchen beneidet. Doch er versucht, Haltung zu wahren. Darum sagt er grollend: „Wenn du meinst, dass es für dich so notwendig ist, musst du eben fahren." „Bis heute Abend, ich fahre gleich mit zu dir", strahlt sie ihn an. Schon verschwindet sie in der Werkhalle. Bernd spürt eine Hand auf seiner Schulter. Der alte Jakop, der alles mit angehört hat, ist von hinten an ihn herangetreten. „Nicht, dass ich dir die Susann nicht gönne, aber ob das mit euch gut gehen wird?" Er dreht seinen anderen Handteller hin und her. „Allein das Bett ist für eine Ehe nicht ausschlaggebend. Man muss auch sonst zusammenpassen. Ihr seid ja politisch grundverschieden. Denke mal in Ruhe darüber nach." Er dreht sich um und geht wieder an seinen Arbeitsplatz, Bernd seinen Gedanken überlassend. Eine blinde Wut schießt in Bernd hoch. Am liebsten hätte er Jakop einige passende Worte über dessen böses Weib gesagt. Doch er hat sich im Griff. Wie oft hat Jakop schon recht gehabt? Weiß er, was Susann an den Abenden dort treibt? Er ist aber hoffnungslos verliebt, vertraut Susann voll und ganz und denkt, er könne sich da auf sie verlassen. Aus allen spricht doch nur der Neid! Er schiebt diese Gedanken weit von sich und wendet sich seiner Arbeit zu.

Nach Feierabend kann er es kaum erwarten, zum Parkplatz zu kommen, wo Susann schon auf ihn wartet. Richtig, da ist sie schon! Auf geht es in Richtung heimatliches Haus. Als sie in den Hof einbiegen, winkt Mutter schon am Fenster. „Kommt herein, Kinder, ich habe Kaffee gekocht", ruft sie ihnen entgegen. „Guten Tag, Gertrud", sagt Susann, „das ist ja großartig! Im Betrieb … der Fraß heute Mittag war ja nicht zu genießen. Da freue ich mich schon auf ein Stück hausgemachten Kuchen." „Das wäre doch mal ein Thema für eure FDJ. Wie kann man die Werksküche animieren, Essen zu kochen, das ein normaler Arbeiter auch verdauen kann? Nicht nur solche Phrasen wie Kampfreserve der Partei und nie verwirklichte Neuerungsvorschläge", stößt Bernd verächtlich heraus. Er hat das Moped abgestellt und ist in die Küche gekommen. Entsetzt schaut die Mutter Susann an. Sie kennt doch ihren Sohn. Der Unterton in seiner Stimme macht ihr Sorgen. „Ach", wehrt Susann ab, „er ist nur sauer, weil ich 14 Tage auf Lehrgang muss." „Wenn es wenigstens einen Sinn hätte. Doch was ist bis jetzt herausgekommen bei euren Lehrgängen? Es wird immer schlechter im Betrieb! Von nichts haben wir mehr was da, aber auf Lehrgänge gehen! Trinkt ihr mal Kaffee, ich gehe zu Paul rüber. Habe ja die nächste Zeit genug Muße, um angeln zu gehen, vielleicht geht er dann mit." „Ich weiß nicht, ob ich mir so einen Ton gefallen lassen soll!", schreit Susann hinter ihm her. Tränen steigen in ihre Augen. „Aber Kind, sei doch nicht gleich so aufgebracht", sagt Mutter Schulze versöhnlich. „Wir werden den Kerl schon wieder auf die richtige Bahn bringen."

„Anstatt stolz auf die Erfolge unseres Staates zu sein, hat er immer etwas zu meckern. Manchmal kommt er mir sogar staatsfeindlich vor. Ich lasse mir aber von niemandem meine Karriere versauen, auch von Bernd nicht. Obwohl ich ihn sehr lieb habe."
„Kind, Kind." Gertrud streicht ihr sanft übers Haar. „Habe noch ein wenig Geduld. Ich nehme ihn mir schon noch vor, darauf kannst du dich verlassen. Wo gibt's denn so etwas? Die Freundin versucht, sich beruflich weiterzuentwickeln, und der alte, sture Sack begreift nicht, dass es auch für ihn ein Vorteil ist. Wenn ich mir überlege, was Vater jetzt verdient, seit er bei der Kreisleitung ist! Vieles hätten wir uns nicht leisten können, wenn er im Betrieb geblieben wäre. Habe keine Angst. Wenn du vom Lehrgang zurück bist, frisst er dir aus der Hand." Ein Leuchten tritt in Susanns Augen. Sie wischt sich die Tränen weg, putzt sich die Nase und macht sich mit großem Appetit über Mutter Schulzes Kuchen her.

Bernd sitzt am Ufer seines geliebten Angelgewässers. Er hat sich heute für die Ostseite entschieden. Es ist ein schöner Abend – jetzt im Altweibersommer. Er kann die untergehende Sonne beobachten. Noch steht sie ein gutes Stück über dem Horizont und es wird ein Weilchen dauern, bis sie genau neben der großen Fichte am gegenüberliegenden Hang, dort neben dem kleinen Hügel, in den Wald tauchen wird. Dann wird das Wasser ganz ruhig werden. Kein Windhauch wird für eine Zeit lang die Wasseroberfläche berühren. Das ist so eine günstige Zeit für einen Karpfen. Später wird der Wind drehen. Jetzt kommt er noch von der Staumauer her. Dann, kurz vor dem Dunkelwerden, wird der Wind das Tal herunterkommen. Paul hat heute keine Zeit, mitzukommen. Sonst würden sie in der Nähe des Einlaufes an der Straße sitzen. Er hatte mal die Kniescheibe gebrochen, später kam noch ein Herzinfarkt dazu. Deshalb kann er nicht mehr so weit laufen. Bernd ist gern mit ihm zusammen. Er hört mit Vergnügen seinen Erzählungen vom Krieg, von der Gefangenschaft bei den Amis und hauptsächlich den Angelgeschichten von früher zu. Wenn auch stets viel Anglerlatein mitspielt, so ist es doch immer sehr unterhaltsam. Wenn aber Paul nicht mitgeht, meidet Bernd die Straßenseite, da ist es ihm zu laut. Außerdem sitzen dort immer die ganz Klugen. Was haben die schon für Fische gefangen! Doch komisch, wenn man mit ihnen zusammensitzt, fangen auch sie nichts.

So sitzt er allein auf einer kleinen Lichtung zwischen zwei Sträuchern. Die Ruten liegen schon eine gute Stunde ausgeworfen. Er hat Erbsen am Haken. Die frisst kein Fisch unbemerkt ab. Zurückgelehnt sitzt er auf seinen Kissen, die Hände nach hinten abgestützt, und hält das Gesicht in die Sonne. Man könnte meinen, er schlafe. Doch hinter der Sonnenbrille verfolgt er genießerisch das allabendliche Schauspiel der Natur. Die Sonne spiegelt sich schon purpurrot über der gesamten Wasserfläche. Nicht weit vom Ufer spielen die Mücken in der Nähe von herabhängenden Sträuchern, die im Wasser stehen, denn der Wasserstand ist zurzeit ziemlich hoch. Hin und wieder springen kleinere Fische danach. Es ist ein wirklich sehr schöner Spätsommerabend. Wie hätte er sich geärgert, wäre er heute nicht zum Angeln gefahren! Lange würde es nicht mehr dauern und kalte Winde würden Schnee über die Eisfläche treiben. Dann ist hier oben die Angelsaison längst vorbei und alle Angler mit Herz fiebern einem neuen Sommer mit hoffentlich guten Fängen, entgegen.

Auf einmal knarrt die eine Rolle los. Die Rutenspitze wird herumgezogen und die Schnur läuft ab. Das ist der Augenblick, wo jedes Anglerherz zu rasen anfängt. Im Nu ist er auf den Beinen. Instinktiv hat er beim Aufstehen schon die Angelrute in die Hand genommen. Sofort setzt er den Anschlag. Aber er hat sich umsonst gefreut. Als alter, erfahrener Angler spürt er sofort am Widerstand des Fisches, es ist kein kapitaler! Behutsam führt er ihn zum Ufer. Mit feuchten Händen legt er den Fisch auf ein Tuch, um ihn zu messen. Grade einmal 35 cm. Es ist soeben das

Mindestmaß, doch es ist kein richtiger Karpfen. Nicht so hochrückig, wie diese Fische sonst sind, eben nicht viel dran. So setzt ihn Bernd behutsam wieder zurück ins feuchte Element. Es wird schon noch ein größerer Fisch beißen, noch ist es nicht dunkel. Erneut bestückt er den Haken und wirft ihn aus. Danach macht er es sich wieder gemütlich. Wieder schweift sein Blick übers Wasser. Aha, dort drüben, am Moorloch, sitzt auch noch einer. Das ist auch eine gute Stelle.

Er muss wieder an den letzten Abend mit Susann denken. Nicht, dass sie sich noch gestritten hätten. Doch es war einfach auf einmal eine Kälte zwischen ihnen. Als dann Vater nach Hause kam, ging die Diskussion weiter. Er hatte alle gegen sich. Was waren sie doch vernagelt! Wollten sie wirklich nicht begreifen, wo das hinführt, wenn so weiter gewirtschaftet wird? Auch Susann beginnt, ihm Sorgen zu machen. Will sie einfach nicht verstehen, wohin das Boot treibt? Sie ist doch sonst so intelligent. Sollte der alte Jakop womöglich recht behalten, dass sie zu unterschiedlich sind? Die Unstimmigkeiten kommen immer öfter zum Vorschein. Leider enden sie oft in Streit. Bernd fährt sich mit der Hand durchs Haar. Wie wird das alles bloß noch werden?! Er weiß nur, er liebt Susann unendlich. Sehnsucht und Verlangen nach ihr überkommen ihn. Sie ist nun schon einige Tage auf dem verdammten Lehrgang.

Jäh wird er aus seinen Gedanken gerissen! Die Rolle an der linken Rute schnurrt. Die Schnur läuft wie toll ab, sodass es Bernd fast den Atem verschlägt! Behutsam setzt er den Anschlag und ist sofort im Bilde. Jetzt hat er einen von der größeren Sorte am anderen Ende der Schnur! Der Fisch beginnt auch sogleich, nach der Seite wegzuziehen. Mit viel Gefühl führt Bernd die Rute, fängt jeden harten Ruck ab. Langsam bringt er den Fisch dem Ufer näher. Nur nicht nervös werden! Nun beginnt der Karpfen wieder, wie toll zu ziehen, sodass Bernd Angst haben muss, er breche ihm alles kaputt. Darum gibt er der Schnur wieder Lauf, indem er die Bremse an der Rolle lockert. So wiederholt sich das

Spiel circa eine halbe Stunde lang. Doch als er jetzt beginnt, den Fisch wieder zum Ufer zu dirigieren, spürt er, der Widerstand erlahmt. Nun kann er ihn schon sehen. Verdammt, das ist vielleicht ein Bursche! Nur nicht in die Sträucher lassen! Mit der linken Hand ertastet er den Unterfangkescher. Als er diesen endlich im Wasser hat, führt er den Fisch behutsam darüber. Schwupp – angehoben, er muss seine ganze Kraft beim Herausheben aufbringen. Stolz und voller Freude betrachtet er den Fisch, der sich im Gras windet. Schnell den Zollstock heraus! Mann, 73 cm. Es ist ein schöner Karpfen. Waidgerecht versorgt er den Fisch und verstaut ihn im Rucksack. Erneut die Angel bestücken und auswerfen. Oh, die Sonne ist bereits verschwunden. Den Sonnenuntergang, den er hier am Wasser immer so liebt, hat er durch den Kampf mit dem Fisch total verpasst. Dafür ist er aber reichlich entschädigt worden. Vater wird sich freuen, isst er doch so gern Karpfen blau. Bernd bleibt sitzen, bis es dämmrig wird. Er nimmt die ihn umgebende Stille in sich auf. Wie schön ist doch die Natur! Als er zu frösteln beginnt, packt er zusammen und verlässt das Fischwasser. Doch bevor er den Wald betritt, dreht er sich, wie immer, noch einmal um. Sein Blick schweift noch einmal über das geliebte Wasser, so, als könne er sich nur schweren Herzens davon trennen.

Es ist bereits Sonntag und Susann hat noch immer nichts von sich hören lassen. Seit gestern muss sie wieder da sein. Bernd beschließt, nach dem Essen zu ihr zu fahren, obwohl er das nicht gern tut. Ist doch Susanns Mutter eine arrogante, überhebliche Person, die immer wieder deutlich zu verstehen gibt, dass sie die Beziehung zwischen Bernd und Susann nicht mag. Für ihre einzige Tochter hat sie an etwas Besseres gedacht. So ist Bernd nur zwei oder drei Mal bei Susann zu Hause gewesen. Er hat auch jetzt ein ungutes Gefühl im Magen, als er an der Gartenpforte schellt. Nach dem dritten Mal wird das Fenster im Obergeschoss unwirsch geöffnet. „Ja, was gibt's?", fragt die schneidende Stimme der Mutter. „Guten Tag, ist Susann zu Hause?", bringt Bernd mühsam heraus. „Sie ist weggefahren." Das Fenster fliegt wieder zu, noch ehe Bernd fragen kann, wohin. Vielleicht ist sie zu den anderen gegangen, um den Bericht auszuarbeiten, der morgen im Betrieb fällig ist, denkt Bernd. Doch damit will er lieber nichts zu tun haben, kommt ja doch nichts dabei heraus. Wütend tritt er sein Moped an und fährt nach Hause.

Am nächsten Tag im Betrieb, beim Mittagessen, kann Bernd Susann am anderen Ende des Speisesaales sitzen sehen. Er winkt ihr zu, doch sie scheint ihn nicht zu bemerken, obwohl sie ihn sehen muss und sonst aus Hunderten heraus erkennt. Das soll einer verstehen! Bernd stellt das Essen auf den Tisch und will zu ihr hinübergehen. Doch als er auf halbem Weg ist, verschwindet sie schon durch den Ausgang am hinteren Ende des Speisesaales. Wo sie doch sonst immer bei ihm vorbeikommt. Verdutzt macht er kehrt und schaut in ein grienendes Gesicht, das Gesicht von Holger. Er muss hinter ihm gegangen sein und alles beobachtet haben. „Suchst du jemanden, kann ich dir helfen?", fragt er mit breitem Grinsen. „Dich nicht", kommt als drohende Antwort von Bernd, der diesen Spitzel nicht ausstehen kann. Er geht an ihm vorbei, nicht ohne ihn anzustoßen. Holger hat ordentlich mit seinem Teller zu balancieren.

Nach der Schicht, zum Feierabend, geht Bernd wie immer zum Mopedschuppen. Er sieht Susann schon von Weitem stehen. Sie scheint auf ihn zu warten. Hastig beschleunigt er seine Schritte. „Grüß dich, ich habe schon gedacht, dich gibt's gar nicht mehr." Er schließt sie in seine Arme. Doch sie schiebt ihn sanft von sich. Kurz schaut sie zu Bernd auf. Er erkennt mit Schrecken, dass sie noch nie ein so ernstes Gesicht gemacht hat. „Ja", beginnt sie, schaut dabei auf die Erde, wo sie mit dem Fuß etwas zu malen scheint, „du hast recht, es gibt mich nicht mehr." Verstohlen schaut sie wieder auf. Sie kann sehen, wie das Blut aus Bernds Gesicht schwindet. Darum setzt sie etwas zu schnell nach: „Ich habe lange über uns nachgedacht. Du bist ein prima Kerl. Ich mag dich gut leiden, aber ob ich dich noch liebe?" Sie muss ein paar Mal schlucken, ehe sie fortfährt. „Wir sind zu verschieden, um ein gemeinsames Leben zu führen." Betroffen beginnt Bernd zu wanken. Es kommt ihm alles vor wie ein böser Traum. Entsetzt hängt er mit den Augen an Susanns Lippen. Wie kann ein Mund, den er so zärtlich geküsst hat, solche Worte sagen? Er muss sich an der Wand festhalten. Susann hält ihm den Ring, er sollte damals eine Art Vorverlobung sein, entgegen. „Nimm ihn bitte zurück", flüstert sie mit blutleeren Lippen. Auch ihr ist es nicht egal. „Alles Gute", bringt sie noch hervor, „du solltest es nicht von anderen erfahren, so viel warst du mir noch wert." Dann dreht sie sich um und rennt davon. Noch lange steht Bernd wie angewurzelt an der gleichen Stelle. Längst ist Susann um die Hausecke verschwunden. Er schaut immer noch in diese Richtung, so, als wenn alles nur ein Missverständnis wäre und Susann gleich wieder dort erscheinen würde. Doch sie kommt nicht, wird nie mehr zu ihm kommen! Er kann es nicht fassen. Alles zu Ende! Wie im Traum fährt er nach Hause. Mutter spürt sofort, dass etwas nicht stimmt. „Was ist los, Bernd?", fragt sie sorgenvoll. „Susann hat mich verlassen", bringt er tonlos heraus. „Das habe ich kommen sehen. Du musst ja auch immer deine Meinung durchsetzen. Denke mal über dich und unseren Staat nach. Wie recht hat Susann da. Stattdessen hörst du nur auf diesen Adi, diesen Staatsfeind und Weiberheld." Mutter Schulze ist ernsthaft aufgebracht. „Dieser Adi hat aber in vielen Dingen recht, denke du mal darüber nach. Und jetzt fahre ich zu ihm. Hier halte ich es sowieso nicht aus." Er macht auf dem Absatz kehrt und rennt wieder aus dem Haus.

Zunächst fährt er ziellos durch die Gegend, nur um mit seinen Gedanken allein zu sein. Dann jedoch besinnt er sich und fährt zu Adi. Er braucht jetzt jemanden, um sich auszusprechen. In solchen Dingen ist Adi der Richtige, hat er doch gewisse Erfahrung auf diesem Gebiet.

Gerade hat Bernd an der Tür geläutet, da wird auch schon geöffnet. Adi erscheint. Als er Bernd erblickt, weiß er sofort Bescheid. „Komm rein", ist die kurze Begrüßung. Bernd lässt sich schwer in einen Sessel fallen. Wortlos geht Adi zum Kühlschrank und holt für beide Bier. Danach füllt er zwei gehörige Gläser mit Schnaps. Eins schiebt er Bernd zu. „Also, erst mal zum Wohl!" Beide kippen die brennende Flüssigkeit durch die Kehle. Auf einen Zug wie in alten Zeiten. Einen Augenblick ringen sie nach Luft, dann beginnt Adi: „Nun, ist sie dir weggelaufen?" „Woher weißt du das?", lautet Bernds kurze Gegenfrage. „Wenn in einem kleinen Dorf eine Frau fremdgeht, weiß es das ganze Dorf, nur der eigene Ehemann nicht! Alle amüsieren sich über die Dummheit des Mannes. Das war immer so und wird auch immer so bleiben! Am Sonntagabend, als ich aus der Stadt kam, habe ich beide gesehen. Sie gingen Hand in Hand auf dem Bürgersteig. Mir war schon lange klar, dass es einmal so kommen musste. Dass es allerdings dieser rote Holger ist, ärgert mich ein wenig."

Mit einem Satz ist Bernd auf den Beinen! Die Adern an seinen Schläfen drohen zu zerspringen. Die Bierflasche rollt über den Tisch. Das schöne Bier ergießt sich über den gesamten Tisch, sucht sich seinen Weg und tropft am anderen Ende auf den Fußboden. Adi schaut Bernd interessiert an. So von den Socken hat er Bernd noch nie gesehen! Jetzt spürt er die Gunst der Stunde. Er hat schon lange einen Plan ausgeheckt, den er aber noch nie in die Tat umsetzen konnte, da ihm der nötige Partner fehlte. Bernd hatte er wegen seiner ganzen Einstellung immer ausgeschlossen. Jetzt, so sagt ihm sein Instinkt, hat er Bernd vielleicht ungewollt so weit. Er kennt ihn schon lange und weiß, wenn Bernd einmal Ja sagt, zieht er das Ding durch. Darauf kann er sich hundertprozentig verlassen! „Ja, anderen Menschen etwas wegnehmen, das ist die einzige starke Seite der Kommunisten, mehr können sie nicht. Wie ist es denn gewesen? Die großen Betriebe haben sie sofort enteignet. Wenn sich ein kleiner Betrieb, der noch privat war, mit viel Mühe hochgerappelt hatte, wurde auch er enteignet. Der darf doch nicht besser dastehen als die volkseigenen! Selbst bereichern sie sich, wo sie nur können. Die ganze Wirtschaft dagegen treibt ins Uferlose!" Erst jetzt merkt er, dass Bernd überhaupt nicht zuhört. Wie gebannt starrt der auf die Bierlache auf dem Tisch. „Alles hätte ich ihr zugetraut, doch diese Geschmacklosigkeit mit Holger nie!" Adi hält ihm ein neu gefülltes Glas mit Schnaps unter die Nase. Mechanisch greift Bernd danach und schüttet es hinunter. Die Wirkung des Schnapses bringt ihn wieder auf den Boden der Tatsachen. Er sieht Adi an und sagt versöhnlich: „Jedenfalls freue ich mich darüber, dass du mich verstehst und dich nicht über mich lustig machst." „Warum sollte ich mich lustig machen? Du bist einer meiner besten Freunde. Geteiltes Leid ist halbes Leid, das ist doch bekannt. Wir haben in guten Zeiten zusammengehalten, warum nicht auch in schlechten? Das Beste wäre, das sinkende Schiff zu verlassen. Sollen doch die die Suppe auslöffeln, die sie eingebrockt haben." „Wie meinst du das?", fragt Bernd mit tonloser Stimme und immer noch halb abwesend. „Den Ausreiseantrag stellen und Jahre im Ungewissen leben? Die Arbeit verlieren, vielleicht noch eingesperrt werden? Mein Vater fliegt aus der Kreisleitung und Mutter von der Schule! Wenn ich in politischer Hinsicht auch selten ihrer Meinung bin, so kann ich ihnen so etwas nicht antun. Sie haben mich großgezogen, ich bin ihr Ein und Alles. Alles, nur das nicht! Ich könnte ihnen nicht mehr in die Augen sehen." Tränen ersticken seine Stimme und er lässt sich wieder auf den Sessel fallen. Besonnen wartet Adi ab. Er hat Zeit, er kann warten. „Was meinst du, was später mal mit ihnen wird, wenn dieser ganze Zauber hier vorbei ist? Und es wird nicht mehr lange dauern, dann ist der Abgrund erreicht. Dieses Land ist zu weit heruntergekommen. Lange dauert es nicht mehr, dann kommt der große Krach. Nur, ich will dann nicht mehr dabei sein. Ich möchte es von Weitem miterleben. Jetzt ist noch die günstigste Zeit. Alle, die ich kenne, die rüber sind, haben etwas auf die Beine gestellt. Der eine mehr, der andere weniger. Aber so schlecht, wie es uns hier geht, lebt keiner von denen. Was haben die schon alles gesehen!" „Ich kann keinen Ausreiseantrag stellen, verstehst du denn nicht?"

Resigniert starrt Bernd vor sich hin. „Wer redet denn von Ausreiseantrag? Einfach abhauen, über die Grenze", lässt Adi wie beiläufig fallen. „Bist du verrückt geworden?", braust Bernd auf. „Die Grenze ist abgeriegelt! Erst die Sperrzone, dann die

Posten und dann noch die Minenfelder! Was nützt mir der Traum von Freiheit, wenn ich zum Krüppel werde oder gar tot bin?" Schwer atmend steht Bernd jetzt vor Adi und schaut ihn eindringlich an. Dieser grient wieder nur. „Nicht, wenn man den Weg kennt. Ein Kumpel von mir, der erst vor Kurzem ausgereist ist, hat ihn mir ganz genau beschrieben. Wenn er die Ausreise nicht bekommen hätte, wären wir gemeinsam weg. Es war alles schon geplant. Bis ins kleinste Detail." Triumphierend steht er vor Bernd und schaut ihm tief in die Augen. „Wenn du einfach abhaust, können sie deinen Eltern auch nichts. Die wissen ja davon nichts! Man könnte ihnen nur schlechte Erziehung vorwerfen. Sie müssten sich pro forma von dir distanzieren. In einigen Jahren kräht dann kein Hahn mehr danach." Ungläubig blickt Bernd in die braunen Augen von Adi. Da er diesen schon so lange kennt, weiß er, jetzt lügt Adi nicht. Diesmal ist es sein voller Ernst. Adi drückt Bernd wieder in den Sessel zurück, indem er ihm die Hand auf die Schulter legt und sanften Druck ausübt. „Also, jetzt erkläre ich dir den Plan, aber zu keinem ein Sterbenswort! Vor allem, wenn du nicht mitmachst. Es müssen mindestens zwei Personen sein, aber auch nicht mehr als vier. Wir beide würden es schaffen! Das ist so sicher wie das Amen in der Kirche. Was haben wir früher alles angestellt!" Noch immer nicht so recht von der ganzen Sache überzeugt, lässt sich Bernd nun den Plan in allen Einzelheiten von Adi erklären. Allmählich beginnt er, sich dafür zu interessieren, und so sitzen sie bis weit in die Nacht hinein zusammen. Es wird alles genau durchgesprochen. Das Für und Wider wird gegeneinander abgewogen. Es ist zwar ein gewisses Risiko dabei, doch so dumm ist der Gedanke durchaus nicht. Mit etwas Glück ist der Plan durchführbar. Spät in der Nacht, als sie sich schlafen legen, ist auch Bernd vom Gelingen der Sache überzeugt. Er hat sich nur etwas Bedenkzeit ausgebeten. Ist es doch ein Schritt für ihn, der wohl überlegt sein will. So einfach ist es auch wieder nicht, alles im Stich zu lassen! Wenn er nur an seine Eltern denkt! Was würden sie alles erdulden müssen! Für Adi ist es einfacher, er setzt nicht so viel aufs Spiel. Obwohl sie durch die hitzige Diskussion das Trinken vergessen haben, schläft Bernd bei Adi. Er hat keine Lust, nach Hause zu fahren. Mutter mit ihren Sorgen und Vater mit seinen Vorwürfen – das hat alles noch Zeit!

Am nächsten Tag im Betrieb kommt sich Bernd irgendwie beobachtet vor. Ihm ist, als würden ihn alle hinter seinem Rücken auslachen. Besorgt sieht ihm der alte Jakop entgegen. Der weiß es also auch schon, schießt es Bernd durch den Kopf. „Setz dich hierhin, mein Junge", sagt dieser väterlich und deutet auf seinen Hocker an der Werkbank. „Lieber ein Ende mit Schrecken als ein Schrecken ohne Ende. Auch wenn ihr euch wieder vertragen würdet, nie wäre es wieder wie vorher. Jedes Mal, wenn sie zu Lehrgängen fahren würde, käme der bohrende Gedanke in dir hoch, was sie so treiben wird. Das Vertrauen würde jedes Mal auf eine harte Probe gestellt werden. Es würde dir das Herz zerreißen. Du glaubst gar nicht, wie gut ich dich verstehen kann. Aber glaube mir, es ist besser so. Gemeinsam kommen wir da schon darüber hinweg. Am Wochenende muss ich den Kaninchenstall neu herrichten. Ich würde mich freuen, wenn du mir dabei ein wenig zur Hand gehen könntest. Kannst bei mir schlafen. Platz haben wir genug. Die Ferienzimmer sind nicht ausgebucht um diese Jahreszeit. Am Abend gehen wir dann gemeinsam in die Grenzbaute. Da kann meine Alte nicht meckern. Abgemacht?" Er hält Bernd die Hand entgegen. Freudig schlägt Bernd ein. „Abgemacht." Wie gut der alte Jakop doch war! „Na, noch nichts von arbeiten gehört?", schreit der dumme Holger schadenfroh im Vorbeigehen herüber. Wie vom Blitz getroffen springt Bernd hoch. Er greift den schweren Hammer von der Werkbank und holt zum Wurf aus. Behutsam drückt Jakop den Arm herunter. „Nicht. So etwas darfst du einfach nicht hören. Das ist genau das, was er erreichen will! Lass dich nicht gehen, du bist viel stärker als er. Der bekommt seine Strafe schon noch." Dabei schaut er Bernd scharf an. Der begreift und wird wieder ruhiger. „Hast ja recht", sagt er nur und begibt sich an seinen Arbeitsplatz. Beruhigt blickt ihm Jakop nach. „Nur gut, der erste Sturm ist gelegt, es wird schon wieder werden", murmelt er vor sich hin.

Mit Hass in den Augen blickt er in die Richtung, in die der rote Holger verschwunden ist. Es ist gut so, wie es gekommen ist. So verliebt, wie Bernd in Susann war, hätte er nie auf ihn gehört. Er wollte auch die Zuneigung des Jungen nicht verlieren, hatte er ihn doch so ins Herz geschlossen. Die beiden passten jetzt gut zusammen. Eines Tages würde auch der rote Holger vor seinem Richter stehen. Es rächte sich alles auf Erden!

Das Wochenende bei Jakop hat Bernd gutgetan. Geschickt hatte es jener verstanden, Bernd auf andere Gedanken zu bringen. Auch der Kneipenbesuch war gelungen. Sie hatten mit den Einheimischen am Stammtisch gesessen, Bernd war sofort herzlich willkommen. Man hat über die vergangene Zeit hier an der böhmischen Grenze erzählt. Einer hat von seiner Pascherzeit berichtet. Die Zeit, als er die verschiedensten Sachen über die Grenze geschmuggelt hatte. Es war äußerst amüsant. Spät sind sie dann schlafen gegangen. Etwas angeheitert, aber nicht betrunken.

Heute ist nun wieder Montag und der Alltagstrott beginnt erneut. Bernd geht wieder mit ganz anderem Elan heran. War er letzte Woche noch wie ein geprügelter Hund durch die Werkshalle geschlichen, geht er nun wieder erhobenen Hauptes. Er kann wieder Scherze machen und den Kollegen in die Augen schauen. Die Zeit heilt Wunden. Der alte Jakop hat mit seiner Lebenserfahrung viel dazu beigetragen, die erste Zeit zu überwinden. Wie soll es nur werden, wenn er in Rente geht? Bernd darf gar nicht daran denken! Auch angeln geht er wieder. Die ersten Tage nach der Trennung von Susann hatte er Angst vor der Einsamkeit am Fischwasser. Nun geht er wieder gern dorthin.

Beim nach Hause fahren trifft er Adi. Der winkt schon von Weitem aus seinem Auto und zeigt ihm an, anzuhalten. „Na, hast du es dir überlegt?", fragt er schon beim Aussteigen. „Nein, ich bin noch unschlüssig", entgegnet Bernd ausweichend. „Es geht auf den Herbst zu, nur da geht es. Überlege es dir nicht zu lange, sonst müssen wir wieder ein halbes Jahr warten." „Ja, ich weiß, nächste Woche habe ich mich entschieden", lügt Bernd. Obwohl es sehr verlockend ist, was Adi da vorhat, möchte sich Bernd nicht von seiner Heimat trennen. Es muss doch auch hier einmal besser werden! „Also erwarte ich dich am kommenden Montag bei mir", ruft Adi noch aus dem bereits anfahrenden Fahrzeug.

Als Bernd am nächsten Tag in den Betrieb kommt, schauen ihm die Arbeitskollegen wehmütig entgegen. Bernds Feingefühl sagt ihm, dass irgendetwas nicht stimmt. Er geht an seinen Arbeitsplatz, um sich vorzubereiten. Na, wo war denn Jakop? Er ist doch sonst immer der Erste! Er schaut hinüber zu Jochen. Der und noch einige andere Arbeitskollegen stehen in einer Gruppe zusammen und diskutieren. Dabei sehen sie zu Bernd herüber. Gemächlich löst sich Jochen von der Gruppe und kommt zu Bernd herüber. Nicht wie sonst, eher wie ein Schüler, der seine Hausaufgaben nicht gemacht hat und zum Lehrer nach vorne muss. „Du wartest sicherlich auf Jakop?", fragt er kleinlaut, als er herantritt. „Ja, genau, was ist mit ihm?" „Er kommt heute nicht zur Arbeit. Er wird auch nie mehr kommen!" Seine Stimme droht zu ersticken. „Diese Schweine! Für alles wird Geld hinausgeworfen. Nur das, was notwendig ist, bleibt liegen." „Rede schon, was ist passiert?", schreit Bernd ihn an. Er ahnt nichts Gutes. Der lange Jochen drückt Bernd auf den Hocker nieder. „Setzen wir uns, so redet es sich leichter. Der alte Jakop wollte gestern Abend noch mal schnell mit seinem Trabi zu Bekannten fahren. Du kennst ja die Kammstraße dort oben. Loch an Loch! Die Busfahrer haben sich schon geweigert, den Linienverkehr aufrechtzuerhalten, weil der Fahrbahnzustand so schlecht ist. Er hat wohl ein Schlagloch übersehen, ist hineingekracht und hat sich dabei die linke Vorderradaufhängung abgerissen. Dadurch hat er die Gewalt über das Fahrzeug verloren. Es hat ihn nach links gezogen und dann frontal gegen einen dicken Straßenbaum. Ich bin zufällig vorbeigekommen. Er war sofort tot." Beide starren irgendwohin, sie wagen es nicht, sich anzusehen. Bernds Gedanken drehen sich im Kreis. Der Jakop tot!? Schlimmer kann ein Weltuntergang nicht sein. Nun haben sie ihm das Letzte genommen! Wäre sein leiblicher Vater gestorben, es hätte ihn nicht schlimmer getroffen! Wie im Traum verrichtet er seine Arbeit. Er geht nicht einmal zum Essen mit, sondern verkriecht sich in eine Ecke. Als er abends aus dem Betrieb geht, begegnet er Susann. „Ich habe davon gehört. Du wirst darüber hinwegkommen", versucht sie, ihn zu trösten. „Lass mich in Ruhe. Du und deine Genossen! Warum hat es keinen von denen erwischt? Die sind doch an dem ganzen Schlamassel schuld!" Bernd ist außer sich vor Wut. „Mit dir kann man eben nicht reden", sagt sie schnippisch und läuft davon.

Lange steht Bernd an diesem Abend am Fenster. Er schaut hinüber auf seine Berge und seine Wälder, die er so liebt. Warum? Warum nur er? Er fragt sich das immer wieder. Mit Jakop hat er über eine Flucht nach dem Westen gesprochen. Ihm konnte er grenzenlos vertrauen. „Junge, das ist das Beste, was du machen kannst. Hier wird es nicht besser. Die wirtschaften doch nur in die eigene Tasche, und wie es dem kleinen Arbeiter geht, ist denen doch scheißegal. Gehe nur, du bist jung und ungebunden. Dir fällt ein neuer Anfang nicht schwer. Da kannst du noch etwas aus deinem Leben machen." So grübelt und grübelt Bernd. Als es dann rabenschwarze Nacht ist und Bernd nur noch das Rauschen der alten Fichten im Nachtwind hört, ist sein Entschluss gefasst. Gleich morgen wird er zu Adi fahren und alles klar machen.

So taucht er am nächsten Abend bei Adi auf. Wieder scheint der schon auf ihn zu warten. „Hallo, ich grüße dich. Deine Entscheidung ist also gefallen?", empfängt er Bernd. „Woher weißt du das?" Bernd ist überrascht. „Als ich vom tragischen Tod deines Freundes Jakop erfahren habe, wusste ich, dass du dich jetzt für die Flucht entscheiden wirst. Was hält dich noch hier? Also, wann soll es steigen, ich bin bereit." „Von mir aus sofort", bringt Bernd ungeduldig hervor. „Nun, nicht ganz so hastig. Wir müssen alles wohl überlegen und die einzelnen Schritte vorbereiten. Als Erstes müssen wir am kommenden Wochenende mal in die Nähe der

Grenze fahren und alles vor Ort betrachten. Soweit es eben geht. Dann benötigen wir noch einen Bolzenschneider, eine zusammensetzbare Leiter sowie einen großen, billigen Koffer."

„Das mit der Leiter übernehme ich. Das mache ich im Betrieb", bietet Bernd an. „Gut, nun musst du deinen Alten noch dazu bewegen, uns am Wochenende seinen Trabi zu leihen." „Ach, das kriege ich schon hin. Nur wenn es dann losgeht, müssen wir mit dem Zug fahren, damit er sein Auto nicht noch einbüßt." „Ja, ja, Bernd, das ist logisch. Dann so unauffällig wie möglich." Noch einmal wird der Plan durchgesprochen, dann trennen sie sich. Sie wollen sich in der nächsten Zeit so wenig wie möglich zusammen sehen lassen, um keinen Verdacht zu erwecken. Spitzel gibt es ja überall!

Als sie beim Abendbrot zusammensitzen, wobei wenig geredet wird – man will Bernd zur Ruhe kommen lassen –, fragt Bernd seinen Vater unvermittelt: „Kannst du mir am Wochenende mal den Wagen borgen? Ich möchte ein Stück wegfahren, um auf andere Gedanken zu kommen." Fast erleichtert schaut Vater Schulze auf. „Natürlich kannst du ihn bekommen. Aber tanken musst du selbst, ich habe keine Zeit mehr dazu." „Ist doch klar", sagt Bernd erleichtert. Er hatte nicht erwartet, dass es so problemlos gehen würde. Ist doch der neue Trabi Vaters Ein und Alles.

Pünktlich um sechs Uhr steht Adi an der Haustür, als Bernd am Samstag vorgefahren kommt. Das ist das Gute an Adi: Er kann die halbe Nacht durchgezecht haben, morgens ist er immer pünktlich. Am Hermsdorfer Kreuz fahren sie in Richtung Westen. „Wir fahren bis kurz vor die Grenze und dann rechts ab", sagt Adi, der den Autoatlas in den Händen hält. „Schau mal, was ist das?", fragt Bernd und zeigt nach vorn. „Hast du gelesen? Hier in Schleiz müssen wir die Autobahn verlassen. Weiterfahren nur für Transit!" „Das kann doch nicht sein. Es sind noch mindestens 25 Kilometer bis an den Grenzübergang. Doch, fahre runter, wir fahren Landstraße. Nur nicht auffallen. Da kannst du mal sehen, was die für Angst haben, es könnte sich einer verlaufen!" Adi lacht vor sich hin und schüttelt dabei den Kopf. Als sie aus der Ausfahrt fahren, sehen sie noch, halb versteckt, kurz hinter der Ausfahrt ein Polizeiauto stehen. „Hast du gesehen?" Bernd weist mit dem Daumen hinüber. „Nur gut, dass wir abgefahren sind. Die holen jeden raus, der hier weiterfährt. Langsam begreife ich, wie recht du hattest, vorher alles abzufahren und zu besehen." Adi sagt nichts. Er nickt nur befriedigt vor sich hin. In den Orten vor dem Sperrgebiet darf man die Straße in Richtung Grenze nicht befahren. Nur Einheimische mit Passierschein dürfen da hineinfahren. Langsam werden sie ungeduldig. „Es gibt nur eins", sagt Adi, „wir fahren dort drüben auf den Berg. Er liegt nicht im Sperrgebiet. Von dort können wir alles überblicken." Als sie oben ankommen, haben sie tatsächlich einen weiten Rundblick bis hinüber ins Bayerische. „Komm, wir steigen aus und setzen uns oben auf den Hügel am Wasserborn. Dort sieht uns keiner und wir sind ungestört." Sie stellen das Fahrzeug etwas abseits in einen Waldweg, steigen hinauf und setzen sich ins Gras, das fast bis an die Köpfe reicht. Adi breitet auf seinen Knien die Karte aus. „So, siehst du. Dort unten steigen wir aus dem Zug aus. Dann verstecken wir uns dort in dem Wäldchen, bis es dunkel ist. Wir haben viel Zeit. Da bauen wir auch die Leiter zusammen. Danach gehen wir über die Eisenbahnbrücke den Steilhang hinauf. Das Dorf hier umgehen wir in großem Bogen. Zwischen den beiden Dörfern ist ein Straßenposten mit Schlagbaum. Hinter diesem überschreiten wir in einem günstigen Augenblick die Straße, um gleich wieder im Wald zu verschwinden. Dann geht es hinauf zur Grenze und – wenn Gott will – sind wir am nächsten Morgen da drüben in der Freiheit." Seine Augen glänzen schon bei diesem Gedanken. Bernds Augen sind den Bewegungen von Adis Händen gefolgt. Er hat gespannt zugehört. Es geht um sehr viel und er will sich das Gelände fest einprägen. Nun schaut auch er verloren in die Ferne, dorthin, wohin Adis Finger zeigt und wo die Freiheit sein soll. „Ja", sagt er nach einer Weile, „so müsste es gehen. Das ziehen wir durch." Noch lange sitzen sie da oben, schauen in die Ferne und ein jeder träumt von der Zukunft, die ja so viel besser werden soll. Dann fahren sie zurück. Bernd ist beruhigt.

Der Plan von Adi scheint zu funktionieren. Und Adi weiß nun genau, Bernd wird mitmachen. Ohne diesen Ausflug zur Standortbesichtigung wäre Bernd schwer zu überzeugen gewesen und vielleicht im letzten Augenblick noch abgesprungen. So kann es losgehen, den Kommunisten endlich den Rücken zu kehren.

Die Arbeitswoche im Betrieb will diesmal kein Ende nehmen. Bernd schaut immer wieder auf die Uhr. In den Pausen möchte er am liebsten für sich allein sein. Doch er weiß auch, dass er das nicht darf. So schwer es ihm auch fällt, er muss sich so wie immer geben. Zu Hause verdrückt er sich immer gleich nach dem Abendbrot in sein Zimmer. Er kann Mutter nicht in die Augen sehen. Mit Vater ist es etwas anderes. Mit seiner Meinung und Einstellung würden beide wohl nie auf einen Nenner kommen. Er hatte halt versucht, das Beste aus seinem Leben zu machen. Ein wenig bedauert ihn Bernd. Was werden sie nur mit ihm machen, wenn die Flucht bekannt wird? Bernd weiß es nicht und will es auch nicht mehr wissen. Jetzt darf er nur noch an sein Leben denken. Behutsam hat er seinen Eltern zu verstehen gegeben, er gehe mit Adi am Freitag aus und bleibe das Wochenende dort. Wahrscheinlich kommt er erst am Sonntag wieder nach Hause. Er kann einfach den letzten Abend nicht zu Hause verbringen. Er würde sich bestimmt verraten!

So ist es doch endlich Freitag geworden. Die wenigen Sachen, die Bernd mitnehmen will, hat er bereits zu Adi gebracht. Noch ehe die Eltern vom Einkauf zurückkommen, fährt er zu Adi. Sein Moped soll dort stehen bleiben. Wenn irgendetwas dazwischenkommt, kann er es ja wieder dort abholen. Adi ist in blendender Stimmung. Sie wollen zu Hause bleiben. Noch ein wenig plaudern, wenig trinken, da es am Morgen mit dem ersten Bus losgehen soll.

Der Wecker schreckt Adi hoch. Bernd ist schon eine Zeit lang wach. Er konnte nicht gut schlafen. Nachdem sie etwas gefrühstückt haben, fahren sie mit dem Bus nach Dresden. Zum Glück ist es ein neuer Busfahrer. Adi kennt ja fast alle Fahrer und so entwickelt sich kein Gespräch mit „Wohin" und „Weshalb".

Endlich haben sie im Zug ein Abteil gefunden. Nachdem sie ihr Gepäck verstaut haben, sehen sie sich erst einmal um. Genau gegenüber von Bernd sitzt ein junger Mann, fast noch ein Kind. Er ist Unteroffizier bei den Grenztruppen, wie Bernd an seiner Uniform erkennen kann. Daneben noch zwei Soldaten. Sie kommen aus dem Urlaub und fahren zurück zum Grenzdienst. Keiner spricht ein Wort. Verstohlen blicken alle vor sich hin. Bernd hasst das Zugfahren. Immer wieder schaut er zu den Soldaten hinüber. Wenn die wüssten, dass in dem Koffer genau über ihren Köpfen eine zerlegte Leiter liegt, mit der in der kommenden Nacht die Grenzzäune überwunden werden sollen. Vielleicht auch noch in ihrem Postenbereich! Er blickt hinüber zu Adi. Der scheint genau das Gleiche zu denken. Nur schaut der nicht so mitleidig wie Bernd, dem die Kerle wegen der Strafe, die sie erwartet, wenn einer in ihrem Postenbereich durchkommt, leidtun, sondern der grient sie ungeniert an. Er scheint sich jetzt schon über diesen Streich zu freuen.

Sie erreichen am Nachmittag Saalfeld. Jetzt haben sie noch einige Stunden Zeit, die sie zu einem Stadtbummel nutzen. An der Saale bleibt Bernd stehen. Im Wasser stehen mehrere Angler und stellen den Forellen nach. „Wer weiß, wann ich wieder mal angeln gehen kann." Bernds Ton ist wehleidig. Adi klopft ihm versöhnlich auf die Schulter. „Du Dummkopf, bald steht dir die Welt offen, da kannst du überall angeln. Norwegen, Kanada, Alaska, wo du gerne möchtest. Lass sie doch die paar Schwänze noch herausfangen, ehe die Brühe total verdreckt. Dann gehen sie ja doch kaputt."

„Recht hast du", entgegnet Bernd wieder zuversichtlich, „gehen wir noch ordentlich zu Abend essen. Wir haben eine lange Nacht vor uns." „Das ist ein Wort." Adi schiebt Bernd davon. „Und ein paar Bierchen kippen."

Langsam schwenken sie auf den Bahnsteig ein, von wo aus der Zug in Richtung Grenze abfährt. Gemächlich, wie Touristen, schlendern die beiden den Bahnsteig entlang. Es stehen nur wenige Menschen hier. Anscheinend kennt hier jeder jeden. Aufmerksam werden sie von den Wartenden gemustert und natürlich fallen sie sofort auf. Doch sie steigen mit großer Ruhe – man könnte schon sagen, Würde – ein. Und das, obwohl ihnen ganz schön mulmig zumute ist. Irgendetwas beunruhigt Adi. Bernd kann es ihm ansehen. Trotzdem sagt keiner eine Silbe. Sie wollen sich mit ihrem sächsischen Dialekt nicht verraten. Kaum hat sich der Zug in Bewegung gesetzt, geht die Tür auf. Ein Bahnpolizist kommt herein. Zielstrebig kommt er auf die beiden zu, ohne auf die anderen zu achten. „Guten Abend, deutsche Bahnpolizei. Ihre Fahrkarten und die Personalausweise, bitte." Bernd ist der Schreck in alle Glieder gefahren. Nur gut, denkt er, wir haben weiter gelöst, als wir fahren wollen! Der Zug fährt später wieder von der Grenze weg. Weg auch vom Sperrgebiet, wo sie ja aussteigen wollen. Er reicht den Polizisten das Verlangte. Behäbig und so umständlich wie möglich blättert dieser darin herum. „Sie wollen nach Lobenstein?" Der Polizist zieht die Augenbrauen hoch und sieht Bernd forschend an. „Ja", sagt dieser so ruhig, wie er eben kann. „Zu wem wollen Sie denn da?", lautet die nächste Frage. Verdammt, schießt es Bernd durch den Kopf. Alles Mögliche haben wir bis ins Detail besprochen. Doch an diese Möglichkeit hat keiner gedacht! Mit einem Mal beginnt er, diesen Menschen zu hassen. Obwohl der ja nur seine Pflicht tut, ist er doch für Bernd allein ein Diener dieser morschen Gesellschaftsordnung, welcher sie beschlossen haben, den Rücken zu kehren. Und Trotz steigt in ihm auf. Wie damals in der Schule, wenn er sich für etwas entschuldigen sollte, bei dem er meinte, recht zu haben. Das gibt ihm mit einem Mal eine Selbstsicherheit, die ihm zur Persönlichkeit reicht. „Wir wollen zu einer Familie Lehmann, die wir im Urlaub kennengelernt haben. Ist das verboten?" „Soso. Wo wohnt denn Ihre Familie Lehmann?", kommt die nächste, bohrende Frage. Inzwischen sind einige Fahrgäste aufmerksam geworden und verfolgen die Unterhaltung, die mehr einem Verhör ähnelt. „Ich weiß es nicht, sie holen uns vom Bahnhof ab!" Bernd beginnt, in seinem Tonfall etwas lauter zu werden, und Adi sieht ihn erschreckt mit großen, ängstlichen Augen an. „Seit wann darf ein Bürger dieses Landes nicht hinreisen, wohin er möchte? Ist es doch so schon sehr begrenzt. Mir ist nicht bekannt, dass es schon wieder Einschränkungen gibt!" Bernd hat sich in Rage geredet. Verdutzt schaut der Polizist die beiden an. „Es handelt sich lediglich um eine Routinekontrolle", sagt er nun ausweichend. „Ich wünsche Ihnen weiterhin eine gute Fahrt." Damit dreht er sich herum und geht aus dem Abteil, ohne die übrigen Fahrgäste eines Blickes zu würdigen. Schon jetzt hätten die beiden etwas merken müssen! Nun fahren sie an der Kaserne der Grenzsoldaten vorbei und sind gleich in Wurzbach, wo sie aussteigen wollen. Sorgenvoll schaut Adi zum Himmel. „Mir ist es noch etwas zu hell da draußen. Es wäre mir lieber, wenn es schon dunkel wäre", murmelt er Bernd zu. „Ach, nur keine Angst, wir werden das Kind schon schaukeln." Je ängstlicher Adi wird, umso mutiger wird Bernd. Der Zug hält. Sie gehen zügig dem Ausgang zu. Danach über die Straße in Richtung Wald, jedoch entgegengesetzt zur Grenze. Kurz vorm Wald dreht sich Bernd noch einmal um. Am Bahnhof steht die Frau mit den zwei kleinen Kindern, die hinter ihnen im Abteil gesessen hat, und schaut ihnen nach. Noch machen sie sich keine Gedanken darüber.

Im Wäldchen befindet sich eine kleine Grube, wo früher vielleicht einmal ein bescheidener Steinbruch war. Hier haben die Anwohner ihren Müll entsorgt. Überall liegen alte Kühlschränke, Herde und andere ehemalige Gebrauchsgegenstände herum. „Das ist ja prima", freut sich Adi. „Hier bauen wir jetzt unsere Leiter zusammen. Den Koffer können wir dann gleich dazuwerfen, da fällt er nicht so auf, als wenn wir ihn im Wald liegen lassen." So beginnen sie, die mitgebrachte Leiter zu montieren. Im Koffer sind auch die Rucksäcke mit Wäsche, etwas Geld und vor allem sämtliche Papiere, fein säuberlich in Plastik eingeschlagen. Plötzlich packt Adi Bernd am Kopf und drückt diesen zu Boden. Verwundert schaut Bernd drein. Mit dem Kopf weist Adi hinunter auf den Weg, klopft sich mit dem Zeigefinger auf die Lippen und deutet damit an, Bernd solle sich ganz still verhalten. Beide liegen auf dem Bauch, heben die Köpfe nur ein ganz klein wenig an und schauen wie gebannt hinunter zum Weg. Dort kommt ein Mann mit einer Schubkarre, beladen mit Müll, um diesen hierher zu bringen! Die Karre hat ein Rad mit Gummireifen, deshalb haben sie ihn nicht kommen hören! Doch – das Herz bleibt ihnen fast stehen – kurz hinterher trottet ein Hund. Sie müssen nur etwa 10 Meter an ihnen vorübergegangen sein! Dass sie nichts wahrgenommen haben, grenzt an ein Wunder. Der Mann muss taub und der Hund taub und blind sein. Oder aber sie wollten nichts sehen – solche Menschen gibt es ja auch. Der Mann kippt den Müll von der Karre, macht ein paar Züge an seiner Pfeife und geht mit Karre und Hund zurück zum Dorf. „Na, das ist ja noch einmal gut gegangen", stöhnt Adi. Auch an Bernd ist der Vorgang nicht spurlos vorübergegangen. Seine Gesichtszüge sind um einiges heller geworden! „Jetzt brennen wir uns erst einmal eine Zigarette an", sagt Bernd sichtlich erleichtert. „Später, wenn es richtig dunkel ist, können wir das nicht mehr. Außerdem brauche ich jetzt eine Zigarette!" In Ruhe genießen sie den Tabakrauch. Dabei behalten sie jedoch die Umgebung scharf im Auge. So etwas wie eben darf nicht noch einmal passieren!

Langsam, viel zu langsam für die beiden, schleicht sich die Dunkelheit in das Tal. Nun endlich können sie den Aufbruch wagen. Sie schultern ihre Rucksäcke. Adi nimmt die Leiter dazu. Dann verlassen sie das schützende Wäldchen. Zunächst müssen sie zurück und über die Eisenbahnbrücke. Aufmerksam lauschen sie, ob sich auch kein Zug nähert. Die Brücke ist circa 50 Meter lang. Da gibt es kein Ausweichen. Adi, der wieder mehr Mut bekommen hat, winkt Bernd zu und sie gehen die Brücke an. Gleich dahinter verlassen sie den Gleiskörper, biegen nach links in den Wald ein und marschieren flott in Richtung Sperrgebiet. Noch können sie den Weg etwa fünf Meter weit überblicken. Dann geht es steil bergauf. Im Zickzack keuchen sie hinauf. Endlich sind sie oben angekommen. Hier hört der Wald auf und die Felder beginnen. Jetzt können sie auch die Lichter der umliegenden Dörfer erkennen. Das hilft ihnen jetzt sehr zur Orientierung. „Da drüben", raunt Adi, „haben wir vorige Woche gesessen, als wir das letzte Mal hier waren. Das Dorf da vor uns müssen wir rechts umgehen. Dann kommen wir unterhalb des Straßenkontrollpunktes an. Da, hinter dem kleinen Wäldchen – siehst du den dunklen Schatten? Dort heißt es, vorsichtig zu sein! Da sind wir schon im Sperrgebiet. Wenn sie uns da erwischen, geht es direkt in den Knast." Überlegen schaut Bernd auf Adi herab. Er ist sehr zuversichtlich.

Nun stolpern sie über ein Stoppelfeld. Plötzlich schlägt im Dorf ein Hund an. Augenblicklich bleiben sie stehen und lauschen. Die Herzen klopfen zum Zerspringen. Es wird wieder still. „Vielleicht bellt er gar nicht wegen uns. Wir umgehen das Dorf noch weiter rechts", flüstert Bernd und zeigt mit vorgehaltener Hand die Richtung an. Schwach kann er Adis Kopfnicken in der Dunkelheit erkennen. Dann kommt das kleine Wäldchen. Zum Glück finden sie einen alten Waldweg. Auf diesem kommen sie gut voran. Hinter dem Wäldchen stoßen sie auf ein kleines Tal, in dem ein Bächlein fließt. Beide knien nieder und laben sich am köstlichen Nass. Über ihnen am Hang befindet sich der Straßenposten. Man kann ihn im Dunkeln nicht sehen. Nur ein Lichtschein dringt auf die Straße. Von Weitem sehen sie ein Fahrzeug kommen. Es hält kurz am Kontrollposten an, kann aber sogleich weiterfahren. Die Einheimischen sind sicherlich bekannt. Aufmerksam verfolgen sie den entschwindenden Lichtkegel des Autos mit den Augen. Dadurch können sie den Straßenverlauf herausfinden und den weiteren Weg bestimmen. „Jetzt machen wir erst mal Pause", kommandiert Adi. Sie setzen sich ins Gras und lassen sich die Wegzehrung munden. „Na, was wird morgen sein, wenn die Sterne verblassen?", sagt Bernd, indem er sich in gewohnter Weise zurücklehnt und hinaufschaut. Matt schimmern dort ein paar Sterne. Viele sind nicht zu sehen, denn es ist Neumond. „So golden ist die Sonne noch nie aufgegangen, wie es morgen sein wird", scherzt Adi. Doch so recht überzeugend klingt das nicht. „Auf, gehen wir weiter", mahnt Bernd. Sie umgehen den

Straßenposten in weitem Bogen. Dadurch kommen sie ins Dorf hinein. Doch hier wird sie keiner vermuten und außerdem schläft bestimmt schon alles. „Wir müssen dort drüben die Straße nach links gehen", deutet Adi an. „Wenn wir aus dem Dorf hinaus sind, können wir regelrecht spazieren gehen. Da hinauf verirrt sich bei Nacht kein Hund, außer vielleicht die Lastwagen der Grenzposten. Aber die hören wir ja kommen." Sie schleichen dicht an den Häusern entlang, um dem Schein der Straßenlaternen zu entgehen. Endlich haben sie die letzten Häuser des Dorfes ein Stück hinter sich gelassen. Nun können sie mitten auf der Straße zügig voranschreiten. Doch was ist das …? Plötzlich der Lichtkegel eines Trabis von hinten! Das Auto kommt im Nu heran. „Springen!", ruft Bernd und rennt zum Straßengraben hin. Sofort hat Adi begriffen und folgt Bernd. Mit einem beherzten Sprung segeln sie in die Dunkelheit. Sie wissen nicht, was sie erwartet. Ist der Graben tief? Nass, steinig oder von Gestrüpp überwuchert? Egal! Nur einfach springen! Verhältnismäßig sanft landen sie auf dem Waldboden. Stöhnend rappeln sie sich wieder hoch. „Ist alles okay?" Sorgenvoll fragt Adi, denn Bernd ist viel weiter gesprungen als er. „Ja, das ging noch einmal gut", kommt die Stimme von Bernd aus dem Gestrüpp. „Muss der gerade jetzt hier entlangfahren", brummt Adi. Sie krabbeln wieder auf die Straße hinauf. Vorsichtig blicken sie nach rechts und links. Wie ein Spuk ist der Trabi in der Dunkelheit verschwunden. Sie richten ihre Rucksäcke wieder. Adi hat die Leiter geschultert, die er auch im Flug nicht aus der Hand gelassen hat. Weiter geht es, immer der Grenze zu. Sie marschieren jetzt wieder eine Viertelstunde und haben ein weiteres gutes Stück zurückgelegt. Da kommt ganz plötzlich und für sie völlig unvorbereitet der Trabi wieder von vorn um die Kurve. Im letzten Augenblick, kurz bevor sie der Lichtschein erfassen kann, landen sie wieder im Straßengraben. „Verdammt", schimpft Adi, „hier ist mehr Verkehr als auf der Autobahn." „Das war wieder der Gleiche. Die letzte Zahl der Autonummer ist 48, das habe ich noch gesehen." Für Zahlen hat Bernd ein Supergedächtnis. Wieder kriechen sie hoch zur Straße. Endlich können sie die Asphaltstraße verlassen und biegen in den Waldweg ein, der nun direkt zur Grenze führt. Kaum haben sie die Straße verlassen, kommt wieder ein Trabi. Doch sie sind schon weit genug entfernt. Sie bleiben nur kurz stehen und lauschen in die Nacht. Man kann deutlich hören, wie er sich entfernt. „Hier dürfen nur noch Armeefahrzeuge fahren", flüstert Adi und setzt sich wieder in Bewegung. Ungestört laufen sie weiter. Bald erreichen sie den Gipfel einer kleinen Erhebung. Von hier aus geht der Weg nach rechts ins Dorf zurück. Ganz schwach ist der Verlauf in der doch ziemlich dunklen Nacht wahrzunehmen. „Da unten, etwa 500 Meter entfernt, ist der Zaun." Adi ist dicht an Bernds Ohr herangetreten. Jetzt heißt es leise sein! „Die beiden Lichter da drüben, das sind schon Dörfer in der Freiheit. Wir müssen uns jetzt durch den Wald hinunter tasten. Aber kein Laut, da unten stehen Posten!" Beide schauen zu den Lichtern der Dörfer hinüber. „Da müssen wir hin. Wenn wir es doch schon geschafft hätten!" Bernds Stimme ist beinahe lautlos. Wehmütig blicken sie hinüber. Kulissenartig sehen sie den dunklen Waldstreifen vor sich. Hier, etwas weiter oben, ist alles abgeholzt. Zur Rechten erkennen sie eine Baustelle. Wahrscheinlich soll hier ein neuer Postenturm errichtet werden. Die Stelle ist recht günstig. Man kann weithin alles überblicken. Kein Lüftchen regt sich und es ist totenstill. Bernd schaut auf seine Armbanduhr. Es ist gerade fünf Minuten nach Mitternacht. Ihm wird fast ein wenig unheimlich zumute, obwohl er solche Nächte ja liebt. „Gehen wir!" Adi flüstert fast andächtig. Er setzt sich in Bewegung, Bernd folgt ihm wie ein Schatten. Doch was ist das? Im Wald liegen verstreut umgestürzte Bäume. Kreuz und quer! Adi versucht verzweifelt, einen Weg zu finden. Da tritt er auf einen dürren Ast – krach! – wie ein Peitschenknall schallt es durch den Wald! Das muss meilenweit zu hören sein!, schießt es Bernd durch den Kopf. Wie angewurzelt bleiben sie stehen. Ihren Herzschlag müssen die Posten vor ihnen hören, so laut schlagen ihre Herzen und das Blut pocht in den Schläfen. Angespannt lauschen sie. Nichts rührt sich. Sie tasten sich weiter. Hier unter den Bäumen ist rabenschwarze Nacht. – Krach! – „Scheiße!", stöhnt Adi und schon liegt er lang. Wieder stehen sie still und lauschen. Auch wenn die Posten da unten schlafen wie die Murmeltiere, das müssen sie hören! „Es hat keinen Sinn", flüstert Adi Bernd zu, „wir müssen zurück, dann die Straße vor, bis der Zaun an die Straße stößt. Davor ist ein Streifen gerodet. Es ist zwar gefährlicher, da können wir einer Patrouille in die Arme laufen, doch hier ist es unmöglich." „Recht hast du", flüstert Bernd zurück. Ihm ist das auch zu riskant. „Gehen wir zurück."

Schnell haben sie den Weg bis zur Straße zurückgelegt. Nur noch 20 Meter bis zum Asphalt. Da hören sie wieder einen Trabant kommen. Diesmal aber sehr langsam und den Straßengraben ausleuchtend. Hinter Bäumen verborgen lassen sie ihn passieren. „Da stimmt doch etwas nicht. Das ist doch kein Zufall. Es war wieder der gleiche Trabi", sagt Bernd. „Verdammt!" Adi schlägt sich mit der flachen Hand vor die Stirn. „Die im Zug haben uns verpfiffen! Das ist wirklich kein Zufall, dass der Trabi immer wieder hier entlang kommt. Das ist ein Grenzhelfer, der, wie viele heute Nacht, wegen uns geduldig seinen Abschnitt abfährt! Hinter uns ist die Grenze jetzt auch dicht. Sie haben garantiert die Posten verdoppelt und zusätzlich laufen einige den Grenzstreifen ab. Wir müssen so schnell wie möglich aus dem Sperrgebiet verschwinden, sonst haben sie uns! Adi wirft die Leiter in hohem Bogen in den Wald und beide rennen den vor einer Stunde gekommenen Weg zurück. Auch jetzt müssen sie zwei Mal in den Graben springen. Doch nun sind sie vorgewarnt. Sie verlassen die Straße schon, wenn sich der Lichtkegel des Trabis nähert. Außerdem bleiben sie öfter stehen und lauschen in die Nacht. Das Geknatter ist nicht zu überhören und sie kennen schon die Abstände, in denen er wieder erscheinen wird. Endlich sehen sie im Tal die Lichter von Wurzbach. „Ich kann bald nicht mehr", jammert Adi, „habe mir Blasen an den Füßen gelaufen." „Mir ist auch ganz trocken im Hals, doch durchhalten! Bald haben wir es geschafft. Hier sollten sie uns nicht mehr erwischen, so nahe an der Grenze zum Sperrgebiet!", stößt Bernd heraus. „Wir gehen jetzt gleich hier hinunter. Da kommen wir hinter den Straßenposten auf die Landstraße nach Wurzbach.

Dort werden sie nicht nach uns suchen und wir kommen schneller voran." „Ja, das wird wohl der kürzeste Weg sein. Hier geht auch ein Waldweg hinein, den nehmen wir." Damit biegt Adi auch schon ab.

Als sie endlich den Ort erreichen, schleppen sie sich zum Bahnhof. „Da schau, der Zug fährt bestimmt gleich ab. Es dampft schon tüchtig." „Fährt? Fuhr!" Adi stöhnt. Erschöpft bleiben beide stehen und sehen entgeistert den entschwindenden roten Schlussleuchten nach. „So ein Mist. Ein paar Minuten eher und wir säßen jetzt im Zug!" Bernd kann es nicht fassen. „Wir gehen hinein und fragen, wann der nächste Zug fährt." „Ja." Mehr bringt Adi nicht heraus.

Um vier Uhr und 10 Minuten betreten sie die Bahnhofshalle. Das können sie an der großen Uhr erkennen. Kein Mensch ist in der Wartehalle zu sehen. Nur der Beamte hinter dem Schalter ist mit irgendetwas beschäftigt. Als sie näher treten, schaut er auf. Aus zusammengekniffenen Augen mustert er die beiden von oben bis unten. Jetzt im Licht können sie sich auch betrachten. Verstaubt von allen Seiten! Die Schuhe total verdreckt. Die Rucksäcke baumeln ihnen um die Schultern. Das Antlitz von Staub und Schweiß gezeichnet und der Gesichtsausdruck völlig übernächtigt. Der weiß doch sofort Bescheid!, schießt es Bernd durch den Kopf. Natürlich haben sie auch die Bahnhöfe informiert. Und die müssen alles Verdächtige melden. Er gibt sich einen Ruck. Mit festem Schritt geht er auf den Schalter zu, ohne den Mann dahinter auch nur für den Bruchteil einer Sekunde aus den Augen zu lassen. Der öffnet sogleich das kleine, runde Glastürchen. „Guten Morgen, wann fährt bitte der nächste Zug nach Saalfeld?" „Der ist gerade weg. Der nächste fährt erst in knapp drei Stunden." Aufmerksam betrachtet der Beamte wieder die beiden. „Doch wenn Sie es sehr eilig haben, kann ich Ihnen einen Vorschlag machen. Ich habe in 20 Minuten Feierabend. Ich bin hier nur zur Aushilfe, wohne 20 Kilometer von hier, drüben im anderen Tal, an der Parallelstrecke. Wenn Sie wollen, kann ich Sie mit meinem Trabi mitnehmen. Da bekommen Sie noch den Zug um sechs Uhr 10 nach Leipzig." Verschmitzt blinzelt er ihnen zu. Diese Augen können nicht lügen. Das erkennt Bernd sofort. „Ja, gerne, wenn es Ihnen nichts ausmacht." Bernd ist mehr als erleichtert. „Ach wo, nach dem Nachtdienst bin ich froh, wenn ich nicht allein fahren muss. Da hinten sind Toiletten, wenn Sie die benötigen." Dabei blickt er vielsagend an ihnen herunter. „Dann warten Sie doch bitte dort hinten um die Ecke. Da ist ein kleiner Platz, da steht auch mein Trabi. Komme dann sofort nach der Ablösung hin." Wieder blinzelt er einladend. „Ja, danke, wir warten dann dort", sagen sie wie aus einem Mund und verschwinden. „Mensch, wenn der uns verpfeift", jammert Adi, „der will uns nur hinhalten, bis die Bullen kommen und uns holen."

„Keine Angst, der ist in Ordnung", sagt Bernd sehr zuversichtlich. „Woher willst du das wissen?", fragt Adi nervös. „Beruhige dich, auf den können wir uns verlassen. Meine Menschenkenntnis hat mich noch nie im Stich gelassen." „Wollen wir hoffen, dass du recht hast." Adi scheint jetzt alles egal zu sein.

Und sie haben Glück. Der freundliche Beamte nimmt sie mit zur anderen Strecke. Sie bekommen den Zug auch noch. Wohlbehalten, jedoch mit einem flauen Gefühl im Magen, kommen sie wieder zu Hause an. Zunächst geht jeder nach Hause, um sich zu reinigen und um zu schlafen. Für den Abend haben sie jedoch ein Treffen vereinbart. Sie müssen ihren Plan noch einmal gründlich überarbeiten. Alle möglichen Umstände einplanen. Nächste Woche muss es gelingen! Nichts hält sie mehr hier. Jetzt ist der feste Entschluss gefasst, nun soll er auch verwirklicht werden! Bernd ist froh, dass ihm seine Eltern keine Fragen stellen. Sie lassen ihn in Ruhe. Meinen, die Trennung von Susann sei noch nicht völlig überwunden.

Am Abend erscheint Bernd wie verabredet bei Adi. „Hast du dich ein wenig erholt?"

Adi versucht schon wieder zu scherzen. „Komm rein, ich habe eine sehr gute Idee."

Neugierig geworden tritt Bernd ein. „Pass auf. Die ganze Scheiße ist nur passiert, weil wir mit dem Zug gefahren sind. Man muss unbemerkt bis ans Sperrgebiet kommen. In öffentlichen Verkehrsmitteln fallen wir zu sehr auf. Wir fahren ganz einfach mit dem Auto." „Du hast kein Auto und ich habe auch kein Auto. Das von Vater kann ich nicht aufs Spiel setzen." Bernd ahnt nichts Gutes. „Nein, das verlangt auch keiner von dir. Ich habe doch den Kleintransporter vom Betrieb immer mit zu Hause. Hier vor meiner Tür steht er immer – oder nicht. Oftmals habe ich an den Wochenenden Dienst. Da fällt es nicht auf, wenn der mal ein paar Tage nicht da steht. Sogar das Benzin geben uns die lieben Genossen noch dazu! Die können sich ja dann auch den Wagen wieder dort abholen. Wir lassen ihn einfach stehen!" Bernd sieht Adi grübelnd an. „Das ist vielleicht die beste und praktischste Lösung. Wir sind flexibel, an keinen Fahrplan gebunden und am allerwenigsten fallen wir mit einem Lieferwagen auf! Du bist ja gar nicht so dumm, wie du aussiehst!" Lauthals lachen sie. Nun wird es gelingen! Noch einmal gehen sie alles genau durch. Sie kennen jetzt auch die Gefahren, die sie am Anfang nicht beachtet hatten. „Ja, so wird es gehen", sagt Bernd zum Abschied. „Wir sehen uns die ganze Woche nicht, hast du verstanden? Am Freitag um Punkt 19 Uhr bin ich wieder hier. Dann fahren wir sofort los, damit wir das gesamte Wochenende vor uns haben. Vielleicht benötigen wir zwei Nächte, um rüberzukommen. Wir brauchen auch eine neue Leiter. Ich kann nicht schon wieder eine bauen." „Alles gebucht. Bis Freitag!" Adi zieht die Tür ins Schloss und sie fiebern einem neuen Wochenende entgegen.

Die Woche ist doch schneller vergangen, als Bernd befürchtet hat. Die Kollegen im Betrieb waren wie immer. Jeder hat seine eigenen kleinen Probleme und so geht jeder seinem Trott nach. Auch zu Hause lief alles reibungslos. Nun ist wieder Freitag und Bernd läuft wie der Tiger im Käfig in der Wohnung umher. Teils, um seine Nerven zu beruhigen, teils, um seinen Eltern aus dem Weg zu gehen. Er möchte ihnen heute nicht in die Augen sehen müssen. „Na, hast du heute ein Stelldichein?", fragt die Mutter unverhofft. Ihr ist die Unruhe in Bernd längst aufgefallen. „So kann man es nennen." Und dabei hat Bernd nicht einmal gelogen. „Wir fahren übers Wochenende weg. Kann gleich mit Adi mitfahren, der hat betrieblich noch etwas zu erledigen." Sie hatten inzwischen vereinbart, Adi müsse für den Betrieb etwas abholen. Bernd hat einen Kloß im Hals. Er weiß wirklich nicht, was er noch erzählen soll. Da! Zum Glück fährt Adi vor. „Also tschüss, bis bald", ruft er beim Wegrennen der Mutter zu. Er ist nur froh, dass die peinliche Fragerei ein Ende hat. „Dass du gerade mit dem wegfährst, gefällt mir absolut nicht", ruft sie ihm hinterher. Doch Bernd ist längst verschwunden. Missbilligend schüttelt sie den Kopf. Doch vielleicht kommt er dadurch besser über die Trennung von Susann hinweg. Sie blickt dem Fahrzeug nach, bis es entschwunden ist. Ein eigenartiges Gefühl bedrückt sie. Dann schüttelt sie den Kopf und geht ihrer Hausarbeit nach.

Bernd ist regelrecht in den Wagen gesprungen. „Nanu, ist der Teufel hinter dir her?", scherzt Adi. Doch er kann den Abschiedsschmerz im Antlitz von Bernd erkennen. „So etwas Ähnliches", wehrt Bernd ab. „Schau dich noch einmal um, so schnell kommen wir nicht mehr hierher", sagt Adi mit gespielten Gleichmut. Doch Bernd, der ihn kennt, spürt, auch dem aalglatten Adi fällt es nicht so leicht. Darum winkt er nur ab. So fahren sie, jeder seinen Gedanken nachhängend, bis zur bekannten Autobahnabfahrt. „Wenn die beiden Bullen da wüssten, dass wir sie nur umfahren, die würden sich vielleicht ärgern." Adi ist in heller Freude. „Schau nun öfter in den Spiegel, damit wir nicht verfolgt werden. Eine Dresdner Autonummer fällt bestimmt auf", ermahnt Bernd vorsichtshalber. „Brauch ich nicht. Habe einen Fahrauftrag. Mit Stempel und Unterschrift, bis Wurzbach!" Triumphierend hält er Bernd das Schreiben unter die Nase. „Du Teufelskerl hast ja wirklich an alles gedacht", lobt Bernd ihn. Damit hatte er nicht gerechnet. „Man tut, was man kann! Ein letztes Mal, dass ich die Kommunisten reinlegen kann. Gönne mir diese Freude." „Von ganzem Herzen", gibt Bernd schmunzelnd zu. Allmählich nähern sie sich dem Sperrgebiet und sie werden wieder ernster.

„Wir liegen gut in der Zeit, halten wir noch ein Weilchen dort am Wald", rät Bernd. Es ist zwar schon dunkel, aber zum Aufbruch noch zu früh. Im Sperrgebiet darf das Auto nicht gesehen werden. Es könnte noch ein Jäger im Wald sein und die Jäger, die hier jagen dürfen, sind zweihundertprozentige Kommunisten. Es ist also größte Vorsicht geboten! Außerdem können sie heute fast die Hälfte der Strecke, die sie vergangene Woche zu Fuß zurücklegen mussten, fahren. „Punkt 22 Uhr fahren wir hier weg. Da sind dann auch die Straßen fast leer", kommentiert Bernd. Adi ist es recht. „Was machen wir eigentlich, wenn wir drüben sind?", fragt Adi. „Darüber haben wir uns überhaupt noch keine Gedanken gemacht." „Ich nehme an, so geräuschlos wird das nicht abgehen. Wenn die merken, dass eine sogenannte Grenzverletzung geschehen ist, werden sie ein regelrechtes Feuerwerk loslassen. Mit Leuchtkugeln und so. Das wird dem Bundesgrenzschutz auch auffallen. Die suchen dann sicher auch die Grenze ab. So werden wir bestimmt auf sie stoßen", erwidert Bernd und legt sich gemütlich auf dem Sitz zurück. „Entspannen wir uns noch ein wenig, die Nacht wird noch hart genug." Doch so richtig zum Ausspannen kommen sie nicht. Die innere Anspannung lässt es nicht zu. So werden die Minuten zur Ewigkeit.

Endlich ist es so weit. Adi schaut sich noch einmal vorsorglich um, ob sie vielleicht doch beobachtet werden. Dann startet er den Wagen und sie fahren ins Sperrgebiet hinein. Adi achtet auf den Weg und die nähere Umgebung. Bernd ist es vorbehalten, den Blick in die Ferne schweifen zu lassen, um rechtzeitig reagieren zu können, wenn Gefahr droht. „Da vorne verlassen wir die Straße und fahren den Feldweg zu dem kleinen Wäldchen hinüber", weist Bernd ein. Doch Adi kennt sich mittlerweile auch aus. Den Weg, den sie fahren müssen, hat er schon im Kopf gespeichert. Eine Stärke von ihm. Ohne den Blinker zu setzen, biegt er behutsam auf den Feldweg ein. Nicht zu schnell, damit es nicht auffällt, wenn sie gesehen werden. Hinter dem Wäldchen kommen sie nun auf den Weg, den sie vergangene Woche zu Fuß gegangen sind. In diesen biegen sie nun ein und fahren der Grenze entgegen. Unterhalb der Straßenkontrolle, jedoch von dort nicht sichtbar, verbergen sie den Wagen in einer Waldschneise. Nun geht es zu Fuß weiter.

Unbemerkt sind sie bis an die Straße parallel zur Grenze gelangt, wo sie das letzte Mal die riskanten Sprünge in den Straßengraben machen mussten. Diesmal können sie unbehelligt ausschreiten. Kein Fahrzeug ist zu hören oder zu sehen, das ihr Vorwärtskommen stört. „Ein gutes Zeichen für uns. Keiner ahnt etwas. Nicht so wie vorige Woche." Adi ist optimistisch. Heute biegen sie jedoch nicht auf halber Strecke direkt zur Grenze ab, sondern gehen weiter bis zu der Stelle, wo der erste Zaun direkt bis an die Straße heranreicht. Das ist zwar sehr riskant, da in der Nähe ein Postenturm steht, doch entlang des Zaunes ist der Wald gerodet und sie kommen besser voran. Durch eine Handbewegung deutet Bernd, der vorangeht, an, jetzt besonders vorsichtig zu sein. Im Dunkeln vor ihnen sind schwach die Umrisse des Postenturms zu erkennen. Nur kein Geräusch jetzt! Lautlos tasten sie sich nach rechts an den Zaun heran. Nur nicht berühren, es könnte Alarm ausgelöst werden! Beide wagen es kaum zu atmen. Immer wieder, stets nach nur ein paar Schritten, bleiben sie stehen und lauschen zum Turm hinüber. Nichts rührt sich. Nicht umsonst haben sie die Zeit kurz vor der Entlassung der Soldaten gewählt. Den meisten von ihnen ist jetzt, kurz vor dem Ende ihrer Dienstzeit, alles egal. Sie liegen auf dem Turm und schlummern. Das wollen Adi und Bernd ausnutzen. So war es ja geplant. Und sie sollten recht behalten. Sie müssen circa einen Kilometer am Zaun entlanglaufen. Da ist noch ein Tor im Zaun. Es dient den Hundestaffeln zum Absuchen der Ackerstreifen nach Fußspuren. Dahinter stehen noch zwei weitere Posten. Zur Ablösung gehen sie vor zum Turm, da dort der Lkw vorfährt. Normalerweise müssten sie hinten bleiben. Sie werden dort abgelöst. Doch nach einiger Zeit hatte es sich eingebürgert, dass sie schon eher vorgehen. Nach acht Stunden Grenzdienst hat jeder die Nase voll und will so schnell es geht ins Bett. Das ist die Gelegenheit, auf die Adi und Bernd bauen. Das Tor ist dann eine halbe Stunde unbewacht. Da muss es jetzt gelingen! Andernfalls müssten sie den ganzen Tag hier im Wald versteckt bleiben – bis zum nächsten Wechsel. Das wäre sehr gefährlich! Am Tag laufen außerhalb des Zaunes Hundestaffeln hin und her und suchen den Sperrstreifen nach Fußabdrücken ab. Da müssten sie schon großes Glück haben, nicht entdeckt zu werden!

Es ist mehr ein Vorantasten. Auch hier, entlang der Schneise, ist es dunkler, als sie vermutet haben. Oft stolpern sie in Löcher hinein, die einfach nicht zu erkennen sind. Als sie außer Hörweite des Postenturms sind, lässt Adi ab und zu ein leises Fluchen vernehmen. Sonst fällt kein Wort. Warum auch? Es ist ja alles viele Male durchgesprochen worden. Nachdem sie nun ein gutes Stück zurückgelegt haben, werden sie wieder vorsichtiger. Es ist unsagbar schwer, bei diesem langsamen Vorantasten in der Dunkelheit abzuschätzen, wie weit sie schon gekommen sind. Sie dürfen nichts aufs Spiel setzen, heute muss es einfach klappen! Außerdem dauert es bis zum Postenwechsel um fünf Uhr noch fast zwei Stunden. Bernd hat soeben auf die Leuchtziffern seiner Armbanduhr gesehen. Für ein paar Minuten bleiben sie stehen, um zu verschnaufen. Aufmerksam lauschen sie in die Runde. Nur das leise Säuseln des Nachtwindes ist zu hören. Dann rücken sie ihr Gepäck wieder zurecht. Adi nimmt die Leiter in die andere Hand und es geht weiter. Immer Schritt für Schritt drängt es sie vorwärts. Wie die Lachse zur Laichzeit die Flüsse hinaufstreben, so geht es ihnen jetzt. Sie spüren weder Ermüdung noch Angst. Nur der feste Wille, ihr Ziel zu erreichen, treibt sie voran. Plötzlich bleibt Bernd stehen. Adi läuft auf ihn auf. Schon will er lospoltern, doch Bernd deutet nach vorn. Irgendein Geräusch kommt von da! Es ist kein Schleichen oder Rennen. Es hört sich an wie ein Kratzen oder Grunzen. Sie sehen sich an. Obwohl sie im Dunkeln ihre Gesichtszüge nicht erkennen, meint ein jeder, vom anderen zu sehen, wie er blass wird. „Wildschweine", flüstert Bernd kaum hörbar. Sie stehen da, wie zu Salzsäulen erstarrt. „Jetzt im Herbst führen sie keine Jungen. Wenn sie Witterung von uns bekommen, werden sie ausreißen", erklärt Bernd. Doch sie stehen und stehen. Es verändert sich nichts. Immer aus der gleichen Richtung, links vor ihnen. Mal lauter, mal etwas leiser, mal abgehackt, mal kräftiger. Adi beugt den Kopf zu Bernd vor: „Es klingt, als wenn es von der anderen Seite des Zaunes kommt. Vielleicht ist es nur ein Posten, der etwas zu laut schläft." Gespannt lauschen sie wieder hinüber. Es könnte auch ein Schnarchen sein. Wie Schuppen fällt es Bernd von den Augen. Viele, die an der Grenze gedient hatten, haben ja erzählt, sie hätten die meiste Zeit geschlafen. Der da vorn muss jedoch einen sehr gesunden Schlaf haben! Aber was war das? Ein metallisches Klacken, wie wenn Metall auf Metall stößt. Sie nicken sich zu. Also doch die Posten. Ganz vorsichtig schleichen sie sich ein Stück weiter nach vorn. Als sie dann noch circa 20 Meter entfernt sind – das Schnarchen ist ihnen hierbei eine willkommene Orientierungshilfe –, dringen sie ein Stück in den Wald ein, um sich zu verbergen. Manchmal leuchten sie, ehe sie weggehen, den Streifen vorm Tor auch hier auf dieser Seite ab. Mit äußerster Geduld, jeden Zentimeter Boden vor ihnen abtastend, haben sie hinter einer dicken Fichte Platz genommen. Zeitlupenartig haben sie sich von ihrem Gepäck befreit. Nun sitzen sie gemütlich und machen ihre strapazierten Beine lang. Jeder döst vor sich hin, doch die Sinne sind hellwach, kein Geräusch entgeht ihnen. Wieder werden die Minuten zur Ewigkeit. Jetzt ist es fast windstill geworden. Jedes noch so kleine Geräusch ist meilenweit zu hören. Oftmals schrecken sie hoch. Einmal kommt es ihnen vor, als nähere sich jemand. Ein andermal glauben sie, ein Flüstern zu hören. Doch immer wieder können sie beruhigt feststellen, es sind nur die üblichen Geräusche der Nacht, die ihre angespannten Nerven zum Narren halten. Sie wagen sich kaum zu bewegen, ihr Atem ist gepresst. Von Zeit zu Zeit schaut Bernd auf seine Armbanduhr. Ihm kommt es vor, als wenn die Zeit stehen geblieben wäre. Es müsste bald so weit sein. Da, endlich, ein leises Klappern von Metall kommt aus der Richtung, wo sie die Posten vermuten. Aha, jetzt packen sie zusammen, um zur Ablösung vorzugehen. Genau wie geplant! Denn wenn sie hier abgelöst würden, hätten sie fast noch eine halbe Stunde Zeit, sagt Bernds Blick auf die Uhr. Allmählich beginnt sich der Himmel im Osten schwach zu erhellen. Bald wird die Morgendämmerung kommen. Genau die richtige Zeit für sie! Plötzlich ein Lichtstrahl! Wie vermutet leuchten die Posten den Streifen vor dem Tor ab. Nur gut, dass sie sich versteckt haben! Bis zu ihnen reicht der Schein der Lampe nicht. Wie klug war es, sich hier in angemessener Entfernung zu verstecken! Durch das Ableuchten mit der Lampe haben die beiden wieder eine sichere Orientierung bekommen. Es steht nichts im Weg. Sie können geradewegs auf das Tor zugehen, so viel haben sie erkannt. Gespannt lauschen sie in Richtung der Posten. Eilig scheinen die es nicht zu haben. Warum auch? Sie laufen etwa 20 Minuten bis nach vorne. Doch nun nähern sich Schritte. Die Posten gehen zur Ablösung vor! Sie müssen ganz dicht bei ihnen vorbeikommen. Beide haben sich ganz flach auf den Waldboden gelegt, um ja nicht gesehen zu werden. Hoffentlich schalten sie die verflixte Lampe nicht wieder ein! Bernd spürt, wie ihm der Schweiß den Rücken herunter fließt. Doch es geht gut. Die Grenzposten sind schon vorüber und nur das gleichmäßige Klappern ihrer Ausrüstung verrät, dass sie in Bewegung sind und sich mehr und mehr entfernen. Vorsichtig erheben sich Adi und Bernd. „Wir gehen langsam zum Tor und bereiten alles vor, ein wenig Zeit haben wir noch. Sie müssen erst weit genug weg sein. Aber dann muss alles sehr schnell gehen", flüstert Adi. Doch Bernd weiß auch so, was zu tun ist. Behutsam nähern sie sich dem Tor. Es ist zwar nicht mehr stockdunkel, doch viel zu sehen ist auch noch nicht. Bernd holt den Bolzenschneider hervor. Adi befühlt vorsichtig das Tor, um das Vorhängeschloss zu finden. Da, jetzt hat er es! Er dreht es zur Seite, damit Bernd mit dem Bolzenschneider besser heran kann. Nach einigen Versuchen hat er das Schloss festgezwickt. Adi hält seine Jacke darüber, um unnötigen Lärm zu vermeiden. Nun beginnt Bernd, mit aller Kraft zu drücken. Es geht doch schwerer als gedacht! Endlich – mit einem lauten Schlag zerspringt das Schloss! Erschrocken blicken sie sich um. Es rührt sich nichts. Behutsam öffnet Adi das Tor. Mit einem Mal, kurz über ihnen, ein Pfeifton! Dann geht eine Rundumleuchte an! Es war doch noch eine Sicherung eingebaut, von der sie nichts wussten. „Wir haben Grenzalarm ausgelöst! Zurück können wir nicht! Vorwärts, vorwärts, wir müssen es schaffen, ehe die Posten zurück sind", keucht Adi mit angstverzerrtem Gesicht. Schon hat er die Leiter aufgenommen und rennt, wie vom Teufel gejagt, durch das Tor in Richtung des zweiten Zaunes davon. Bernd steht ganz benommen da. Er hat immer noch nicht begriffen, was hier eigentlich vorgeht. Sie werden uns einsperren, wenn sie uns kriegen! Dann erst lässt er den Bolzenschneider fallen und stürmt Adi nach. Dieser ist schon ein gutes Stück voraus. Nur das Keuchen seines Atems und das Brechen der Äste weisen Bernd den Weg. Sie rennen und stolpern und stolpern und rennen. Zweige schlagen ihnen ins Gesicht. Sie spüren es nicht. Nur weiter, weiter. Adi, der etwa 10 Meter vor Bernd rennt, hat schon die mit Betonplatten ausgelegte Postenstraße erreicht. Nur noch 20 Meter bis zum Zaun! Plötzlich ein dumpfer Knall, einem Schuss ähnlich! Mit einem Aufschrei sackt Adi zusammen. Er hat einen Stolperdraht durchrannt und eine Mine ausgelöst. Im Nu ist Bernd bei ihm. „Was ist los?", fragt er atemlos. „Diese Schweine, diese Schweine", jammert Adi am Boden liegend. „Ich habe geglaubt, sie hätten die Minen überall abgebaut. Mein Bein, mein Bein!" Sein Atem geht stoßartig. Bernd beugt sich über ihn und befühlt ihn. Eine warme, klebrige Flüssigkeit rinnt ihm durch die Finger. „Verdammt, kannst du noch? Versuche aufzustehen." Adi krallt sich an Bernds Anorak fest und versucht hochzukommen. Doch sowie er das andere Bein aufsetzen will, schreit er auf. „Es geht nicht, gehe allein weiter, lass mich hier liegen! Du schaffst es, schau, es sind nur noch wenige Meter!" „Nein", sagt Bernd entschlossen. Er ist auf einmal Herr der Lage, scheint über sich hinauszuwachsen. „Wir versuchen es. Ich stütze dich. Entweder wir schaffen es gemeinsam oder wir werden gemeinsam geschnappt. Halte dich an mir fest. Ja, so." Bernd geht auf die Seite des verletzten Beines, zieht Adis Arm über seine Schulter und schleppt ihn bis zum Zaun. Dann rennt er zurück und holt die Leiter, die Adi fallen gelassen hat. Er legt sie gegen den Zaun. Mit einem Fußtritt auf die untere Stufe überprüft er, ob sie gut und fest steht. Nun hebt er Adi behutsam auf. „Halte dich an der Leiter fest und ziehe dich daran hoch. Ich schiebe von hinten", befiehlt er Adi. Dieser hat wieder Mut bekommen. Fest beißt er die Zähne zusammen. Stück für Stück nähert er sich der Oberkante des Zaunes. Schon kann er darüber hinwegsehen! „Halte dich mit den Händen an der Leiter fest und schwinge das gesunde Bein über den Zaun." Bernd schiebt mit aller Kraft von unten. Mit leisem Wimmern gelingt es Adi. Plötzlich ein Schuss hinter ihnen. „Halt, wer da? Stehen bleiben oder ich schieße!" „Die Posten sind zurück. Alles aus, wir haben verloren", jammert Adi. „Noch nicht", stößt Bernd hervor. Er weiß, es war nur ein Warnschuss. Weiß auch, die nächsten Schüsse kommen gezielt! Seiner Schätzung nach sind die Posten noch gut 100 Meter weg. Mit Aufbietung seiner ganzen Kraft hebt er Adi an und stülpt ihn über den Zaun. Noch ehe Adi begreift, wie ihm geschieht, landet er schon auf dem Boden jenseits des Zaunes. Ein Aufschrei bestätigt Bernd, dass er unten ist. Nun blickt er hinauf. Noch fünf Sprossen trennen ihn von der Freiheit. Nur noch die, dann hat er es geschafft! Hinter ihm im Dunkeln weiß er den Schützen, der ihm das Lebenslicht ausblasen wird, wenn er noch eine Bewegung macht. Hier oben am Zaun ist es schon ziemlich hell und auf der Leiter, gegen das Morgenlicht, gibt er eine gute Zielscheibe ab! Das alles schießt Bernd durch den Kopf. Doch egal, er überlegt nicht. Wie mechanisch setzt er einen Fuß vor den anderen. Schon hat er das obere Ende des Zaunes erreicht. Gerade als er den Fuß auf den Zaun setzt, um abzuspringen, peitschen die Schüsse. Instinktiv schließt er die Augen und wartet auf das Ende. Doch was war das? Weit ab von ihm, zur Linken, hört er die Einschläge in den Bäumen. Da gibt es nur zwei Möglichkeiten: Entweder es ist ein miserabler Schütze, was kaum zu glauben ist. So weit kann der Dümmste nicht vorbeischießen! Oder es ist ein armer Wehrpflichtiger, der die Nase voll hat von diesem Staat und nur schießt, damit er geschossen hat! Wer will später nachweisen, ob er absichtlich daneben gehalten hat? Mit einem Satz springt Bernd hinunter. Hart knallt er auf den Boden. Mühsam rappelt er sich auf. Zum Glück sind alle Knochen heil geblieben. Ein Stück vor ihm bewegt sich ein Schatten. Es ist Adi. Er ist schon ein Stück weggerobbt. Fast im Vorbeirennen schnappt er Adi am Anorak und schleift ihn mit. Nur weg vom Zaun! Er hat schon gehört, sie dringen selbst auf bundesdeutsches Gebiet vor, um Grenzverletzer wieder einzufangen. Inzwischen hat er Adi wie einen Sack aufgebuckelt und schleppt ihn weg. Mühsam nach Luft ringend kämpft er sich weiter. Die Bäume beginnen vor seinen Augen zu tanzen! Nur weg, nur weiter! Nach einem halben Kilometer bricht er zusammen. Beide stürzen ins Waldgras. Der eine schwer nach Atem ringend, der andere winselnd, den Schmerz unterdrückend.

Nach einer Weile, als Bernd das Luftholen wieder etwas leichter fällt, hebt er den Kopf. Der Morgen bricht an. Auch Adi hat sich, so gut es eben geht, hochgerappelt. Es ist bereits so hell geworden, dass sich beide betrachten können. Sie blicken sich an. Abgekämpft, dreckverschmiert, übernächtigt, doch unsagbar glücklich! „Wir haben es geschafft, wir haben es geschafft!" Bernd schlägt mit beiden Fäusten auf den Waldboden. Doch sogleich besinnt er sich wieder. Die rechte Wange von Adi ist blutverkrustet. Er rutscht zu ihm hinüber. „Zeig mal her." Mit einem sauberen Taschentuch wischt er das schon teilweise geronnene Blut ab. Adi verzieht das Gesicht. „Was ist?", will er wissen. „Es ist nur eine Fleischwunde, ein gewaltiger Kratzer quer über die rechte Wange. Die ist bald wieder verheilt." Nun legt er das Bein frei. Mit dem Taschenmesser schneidet er das Hosenbein auf. „Au, mach doch vorsichtig!", beschwert sich Adi. Behutsam macht Bernd weiter. Es hat Adi an der Wade erwischt. Der Knochen ist zum Glück heil geblieben. Rechts hinten allerdings, da hat es regelrecht ein Stück Fleisch herausgerissen! Das tut sicherlich sehr weh und Blut hat er auch viel verloren. Noch immer dringt es aus der Wunde. Da sie kein Verbandsmaterial mitgenommen haben, holt Bernd ein sauberes Unterhemd aus dem Rucksack. Damit verbindet er das Bein fachgerecht. „Ah, jetzt tut es schon nicht mehr so weh", sagt Adi erleichtert, und schiebt das Bein von sich. „Wird schon wieder. Alles halb so schlimm. Hätte viel schlimmer kommen können. Hörst du? Nun geht da drüben das Feuerwerk los." Bernd weist in die Richtung, aus der sie gekommen sind. Immer wieder werden Leuchtkugeln in den Himmel geschossen. Auch hört man verstärktes Motorengebrumm. „Da könnt ihr lange suchen. Uns bekommt ihr nicht mehr", spottet Adi. „Ja, es war haarscharf. Doch auch an dieser Grenze stehen Menschen. Menschen, die Menschen geblieben sind, auch wenn sie eine Waffe in die Hand gedrückt bekommen haben. Einmal wird der Tag kommen, wo auch diese Grenze fallen wird! Fallen wie das ganze morsche Regime da drüben. So, wie es der gute alte Jakop immer vorausgesagt hat. Nur schade, dass er es nicht mehr miterleben darf. Ihm würde ich als Erstem eine Karte von hier schreiben. Ich weiß, er hätte sich riesig darüber gefreut." In den Augen von Bernd spiegeln sich Freude und Trauer zugleich. Adi sitzt mit dem Rücken an einen Baum gelehnt. Bernd daneben auf einem alten Baumstumpf. Andächtig hat Adi zugehört. Er blickt hinunter ins Tal. Dort unten, wo die Morgennebel ihre Bahnen ziehen, muss die Straße verlaufen. Sie wird sie ins nächste Dorf bringen, wo die Freiheit auf sie wartet. Was wird ihnen diese Freiheit wohl bringen? Er weiß es nicht genau. Er weiß nur, dort unten wartet ein neues, aufregendes Leben auf ihn.

Allmählich ist es Tag geworden. Über den Wipfeln der Bäume beginnt die Sonne ihren alltäglichen Lauf. Als die ersten Sonnenstrahlen auf den Waldboden fallen, erheben sie sich. Bernd hat wieder Adis Arm über die Schulter gezogen. Zwei Gestalten, der eine festen Schrittes, der andere humpelnd, gehen ins Tal hinunter einem Neubeginn entgegen. Und über ihnen in den Gipfeln der alten Fichten säuselt leise der Wind.

Langsam nur kommen sie durch das Unterholz voran. Seit einer halben Stunde schleppen sich Bernd und Adi durch den Wald bergab. Es geht zwar langsam und beschwerlich, wie sie erwartet haben, doch sie haben ja nun genügend Zeit. Keine Kugel kann sie mehr erreichen. Obwohl Adi das verletzte Bein schwer zu schaffen macht, beißt er die Zähne zusammen. „Ich sehe schon die ersten Häuser durch die Bäume. Kannst du es noch aushalten?", fragt Bernd besorgt. „Es geht schon noch. Wir müssen nur erst die Häuser erreichen, dann wird uns schon geholfen werden", presst Adi durch die Zähne. Endlich haben sie einen Waldweg gefunden. „Wir gehen jetzt den Weg hinunter, der führt bestimmt zum Dorf", versucht Bernd Adi wieder Mut zu machen. Als sie um eine Biegung kommen, steht völlig unerwartet, etwa 200 Meter vor ihnen, ein Bauernhof. Das Klirren der Ketten aus dem Stall dringt zu ihnen herüber. Erleichtert bleiben sie stehen. Der Weg von der Grenze herunter war doch eine gewaltige Anstrengung. Freude überzieht das Antlitz von Adi. „Na, was ist? Diese paar Meter wirst du mich doch noch schleppen können", scherzt er. „Und ob. Lege deinen Arm wieder um meine Schulter und ich schleppe dich, wohin du willst!" Langsam, fast andächtig, gehen sie auf das Haus zu. Als sie fast die Hälfte der Strecke zurückgelegt haben, schlägt der Hofhund an. Auf der anderen Seite der Grenze hätte sie das in Angst und Schrecken versetzt. Jetzt kommt es ihnen wie ein Begrüßungsständchen vor. Vorsichtig nähern sie sich dem Zaun. „Hoffentlich ist der Köter eingesperrt. Ich möchte mir nicht das andere Bein auch noch verletzen", sagt Adi mehr aus Spaß. Sie können fast den gesamten Hof überblicken. Ganz vorsichtig wird die Haustür geöffnet. Zunächst nur einen Spaltbreit. Dann wird ein Hut sichtbar. Dann, nachdem man sie gesehen hat, tritt ein stattlicher, kräftiger Mann heraus. Misstrauisch äugt er herüber. „Was wollen Sie hier?", ruft er den beiden zu, wobei er sie nicht aus den Augen lässt. Bernd fasst sich ein Herz. „Entschuldigen Sie bitte die frühe Störung. Wir sind soeben aus der DDR, dort oben über die Grenze gekommen." Mit der freien Hand zeigt er dabei zum Wald hinauf, von wo sie gerade gekommen sind. Langsam kommt der Mann näher, sie immer noch fixierend. Nun fällt ihm wahrscheinlich der Zustand der beiden auf. Seine Schritte werden schneller. „Um Gottes willen, habt ihr den Zirkus heute Nacht da oben ausgelöst?" Als sie sich dann gegenüberstehen, kann Bernd in das offene, ehrliche Gesicht des Mannes blicken. Sofort ist ihm klar, hier sind sie richtig. Schnell, mit geschickten Handgriffen, öffnet der Mann das hintere Gartentor, an dem die Flüchtlinge stehen. Erst jetzt sieht er die Verletzung an Adis Bein richtig. „Oje", ruft er, „kommt schnell ins Haus, ich rufe gleich den Arzt." Mit diesen Worten schnappt er sich Adi, der gar nicht richtig weiß, wie ihm geschieht, und trägt ihn mit seinen kräftigen Armen, denen man die schwere Arbeit ansieht, dem Hause zu. Kaum kann der ermattete Bernd den großen, schnellen Schritten folgen. „Marta, Marta", schreit der Mann schon auf der halben Wegstrecke, „mach die Tür auf, wir bekommen Gäste." Mit einem Ausdruck im Gesicht, dem man entnehmen könnte, sie vermute, ihr Mann sei nicht mehr richtig im Kopf, erscheint die Bäuerin an der Haustür. „Jesus, was ist denn passiert?", ruft sie entsetzt. „Mach Platz, wir legen ihn auf das Sofa in der Küche. Rufe gleich den Doktor an, er soll sofort herkommen", entgegnet der Bauer und drängt ins Haus. „Na, noch sterbe ich ja nicht", hört Bernd von drinnen. Ehe er das Haus betritt, dreht er sich noch einmal um und blickt zum Wald hinüber, als hätte er Angst, jeden Augenblick würden dort die Grenzposten erscheinen und alles wäre vergebens gewesen. Als er in der Küche, die ländlich, aber sehr einladend und warm wirkt, auftaucht, zeigt der Hausherr auf einen Stuhl. Mit einem Kopfnicken deutet er an, Platz zu nehmen. Reden will er nicht, da seine Frau am Telefon gerade mit dem Hausarzt spricht. Vorsichtig löst der Mann den Hilfsverband an Adis Bein. Mit Verletzungen solcher Art scheint er sich auszukennen. „Wie habt ihr Teufelskerle es nur geschafft, den verfluchten Todesstreifen da oben zu überwinden? Es ist zwar ab und zu mal was los da droben, aber bis ins Dorf herunter hat es lange keiner mehr geschafft!", fragt der Bauer, indem er nun seinen Hut zurückschiebt und sich die Stirn kratzt. „Früher, als die Grenze noch nicht so dicht war, kamen öfter mal Flüchtlinge. Aber seit dort …", er deutet mit dem Hut in der Hand in Richtung Wald hinauf, „Minen gelegt wurden, haben die meisten, mit Recht, Angst bekommen." Er macht eine Pause und schaut die beiden abwechselnd bewundernd an. „Einmal hat man da drüben, in der Nähe des Nachbardorfes, einen Mann gefunden. Dem hatte eine Mine das halbe Bein abgerissen. Er muss jämmerlich verblutet sein." Er atmet tief und schwer durch, dann beginnt er wieder: „Auch ich stamme von der anderen Seite der Grenze. Habe hier herüber, zwei Dörfer weiter, eingeheiratet. Zunächst konnten wir uns ja gegenseitig besuchen. Doch meine Schwestern dürfen nicht kommen, da sie mit Grenzoffizieren verheiratet sind. Ich wiederum bekomme keine Einreise, weil das so ist. Sie mussten sogar jeglichen Kontakt zu mir abbrechen. Ist das nicht eine verrückte Welt?" Wieder muss er tief durchatmen. „Aber ihr habt es geschafft und jetzt wird alles gut." Fast liebevoll lächelt er ihnen zu. Nun müssen Bernd und Adi berichten, wie ihnen die Flucht gelungen ist. Die Frau hat sich nach dem Telefonieren einen Stuhl herangezogen und man kann ihr die Spannung ansehen. Aufmerksam lauschen die beiden Bauern den Ausführungen von Bernd. Adi ist zu schwach zum Erzählen. Auf einmal klingelt es. Der Arzt kommt. Sofort nach der Begrüßung nimmt er sich Adi vor. Er untersucht ihn von oben bis unten sehr ausgiebig. Dann kommt er zu dem Schluss: „Es sind beides, der Kratzer an der Wange und die Verletzung an der Wade, nur Fleischwunden. Die sind bald wieder verheilt. Ich möchte ihn aber lieber ins Krankenhaus überweisen. Er hat viel Blut verloren und die Wunde an der Wade muss genäht werden. Am besten, Sie rufen einen Krankenwagen. Ich mache so weit alles für den Transport fertig. Der Bundesgrenzschutz sollte auch informiert werden. Die suchen sonst tagelang vergebens den Wald ab."

Zuerst kommt der Bundesgrenzschutz. „Grüß Gott, wo sind denn die Ausreißer?", fragen sie beim Hereinkommen. Nun müssen Adi und Bernd wieder alles genau berichten. Inzwischen ist auch der Krankenwagen da. „Also, wir verfahren so", entscheidet der Beamte. „Sie", er zeigt auf Adi, „fahren zunächst ins Krankenhaus. Alles andere wird von uns erledigt. Und Sie", damit dreht er sich zu Bernd um, der immer noch auf dem Stuhl sitzt, „möchte ich bitten, mit uns zur Dienststelle zu kommen. Dort nehmen wir alles auf und entscheiden dann, wie es weitergeht."

Der Krankenwagen biegt um die Ecke der Zufahrtsstraße. Bernd verabschiedet sich von dem gastfreundlichen Ehepaar. „Wenn ihr wollt, könnt ihr jederzeit wiederkommen. Wir finden hier schon etwas für euch. Ein Dach über dem Kopf haben wir für euch für die erste Zeit auch." „Vielen Dank für alles", erwidert Bernd. Doch irgendetwas scheint ihm in der Kehle zu stecken. „Vielleicht kommen wir auf Ihr Angebot zurück. Auf alle Fälle bleiben wir in Verbindung. Wir werden Sie bestimmt einmal besuchen und im Leben nie vergessen." Er zwängt sich in den Geländewagen des Bundesgrenzschutzes und sie fahren ab.

Bernd steht am Fenster und schaut hinüber zu den Bergen. Auf einem davon ist eine Burg zu erkennen. Er denkt an die Heimat, an Adi und die kommende Zeit. Die Ereignisse der letzten Tage haben sich fast überschlagen. Nachdem er seine Aussage gemacht und ihre Erlebnisse beim Bundesgrenzschutz geschildert hatte, durfte er sich erst einmal gründlich ausschlafen. Auch mit Essen wurde er gut versorgt. Nachdem er noch einen Besuch bei Adi im Krankenhaus gemacht hatte, fuhr er mit dem Zug nach Gießen. Hier im zentralen Auffanglager muss er nun die üblichen Formalitäten erledigen. Schon am Bahnhof sind ihm fast die Augen übergegangen! So ein Angebot an Obst und Gemüse hat er noch nie auf einem Fleck gesehen. Da gab es Früchte, von denen er noch nie etwas gehört oder gesehen hatte! Und die Menschen nehmen sich Tüten und suchen sich die Früchte aus! Zu Hause in seinem Konsum waren die Tüten schon gepackt. Jeder durfte nur eine davon nehmen. Immer lagen ganz unten in der Papiertüte faulige oder grüne Früchte. „Die müssen auch mit verkauft werden und ein jeder will etwas abbekommen", das war dann die Antwort der Verkäuferinnen. Hier in Gießen kam er auf ein Vierbettzimmer. Zusammen mit einem Ehepaar aus Leipzig, so um die vierzig, mit einem zwölf Jahre alten Sohn. Sie kommen so weit gut miteinander aus. Haben sie doch eine ähnliche Vergangenheit. Nur, diese Familie hatte drei Jahre auf die Ausreise warten müssen. Im Zuge der Familienzusammenführung durften sie dann nach allerhand Schikanen endlich ausreisen. „Was siehst du so verloren in die Ferne?", fragt Horst. Sie sind vom ersten Augenblick an per Du. So war es ja in der DDR üblich. „Sei froh, dass du hier bist. Du hast es wenigstens kurz und schmerzlos gemacht." Er rekelt sich im Bett hoch, wo er den ganzen Tag, wenn es die Zeit erlaubt, Zeitungsschau hält. „Hier wird wenigstens die Wahrheit geschrieben", behauptet er. Bernd ist sich allerdings da nicht so ganz sicher. „Ich war Busfahrer. Als ich dann, vor drei Jahren, den Ausreiseantrag stellte, war ich auf einmal Staatsfeind. Obwohl ich zwölf Jahre lang, sommers wie winters, bei Sonne und Eis, immer pünktlich und unfallfrei den Bus gefahren habe. Über Nacht konnte man mir dann keinen Bus und vor allem keine Menschen mehr anvertrauen! Vergessen war, dass man mit Reifen dritter Wahl gefahren war. Obwohl", dabei streckt er den rechten Zeigefinger in die Luft, „es uns bekannt war und wir so nicht ausrücken durften. Nur damit der Laden weiterlief. Und vor allem", wieder fuchtelt er mit dem Finger in der Luft herum, „damit es in den Betrieben keine Arbeitszeitausfälle gab. Meine Frau hat die Hauptkasse im Betrieb gemacht. Viele Jahre. Immer hat alles gestimmt. Auf einmal durfte sie das nicht mehr! Solchen Staatsfeinden könne man einen so verantwortungsvollen Posten nicht anvertrauen."

Inzwischen hat er sich auf die Bettkante gesetzt. „Die Busse habe ich mit der Handbürste waschen müssen und den Hof musste ich kehren!" Er steht auf und beginnt, im Zimmer auf und ab zu gehen. Er hat sich in Rage gebracht. Immer wieder schlägt er mit der Hand durch die Luft, als wolle er Fliegen fangen. „Rege dich doch nicht so auf", versucht Bernd ihn herunterzubringen, „auch ihr habt es ja nun hinter euch gebracht." „Ja, ja, das stimmt schon. Aber hier drin", er klopft sich mit der Hand auf die Brust, „tut es immer noch verdammt weh. Solange man mit ins Horn bläst, ist man der Beste. Aber wehe, man hat mal eine eigene Meinung, die denen nicht in den Kram passt, dann ist man gleich ein Verbrecher!" Prustend lässt er sich auf einen Stuhl fallen. Seine Frau Ingrid stellt sich hinter ihn und fährt ihm liebevoll mit der Hand durchs Haar. „Es ist vorbei. Es ist ausgestanden", flüstert sie fast. „Wenn es noch eine Weile so weitergegangen wäre, wäre ich bestimmt verrückt geworden. Immer dieses Ungewisse! Kommen wir endlich raus oder werden wir noch eingesperrt? Was wird dann mit dem Jungen? Man hat ja gehört, Familien sind auseinandergerissen worden. Die Eltern wurden getrennt eingesperrt und die Kinder sind in ein Heim gekommen." Tränen schimmern in ihren Augen. Verstört dreht sich Horst um. „Davon hast du mir ja nie etwas erzählt", entfährt es ihm. „Sollte ich dir das Leben noch schwerer machen? Du warst so schon fix und fertig, als du nicht mehr Bus fahren durftest." Zärtlich blickt sie zu ihm herab. „Wir sind frei, alles andere ist unwichtig", flüstert sie wieder. Horst drückt seine Frau sanft an sich. Dann blickt er zu Bernd hinüber, der immer noch am Fenster steht und den die Szene sichtlich berührt. „Siehst du, das mussten wir durchmachen. Jeden Monat einmal zur Aussprache bei der Abteilung Inneres. Immer saß einer von der Stasi mit dabei: Ihr kommt hier nicht heraus. Es gibt keine zwingenden Gründe für ein Verlassen der Republik." Er beugt sich Bernd entgegen und zieht die Worte weit auseinander: „Und das drei Jahre lang …! Diese Verbrecher! Nur weil wir von Deutschland nach Deutschland wollten!" „Ja, ich kann euch gut verstehen. Doch versetzt euch einmal in meine Lage." Bernd tritt einen Schritt vom Fenster weg. „Mein Vater bei der SED-Kreisleitung, meine Mutter Lehrerin. Es wäre für alle die Hölle gewesen, wenn ich den Ausreiseantrag gestellt hätte. Es wird bestimmt auch so schwer genug für sie werden." Die beiden Zimmergenossen nicken verständnisvoll. „Das stimmt", ergänzt Horst, „es wäre noch schlimmer gewesen als bei uns. Die haben sämtliche Verwandtschaftsverhältnisse gekannt. Sogar weitläufigen Verwandten haben sie das Leben schwer gemacht." „Es ist Zeit, essen zu gehen", ermahnt Ingrid. Sie gehen gemeinsam hinunter zum Speiseraum.

Im Speiseraum herrscht wieder großes Gedränge. Es sind fast ausschließlich ehemalige DDR-Bürger. Viele benehmen sich leider Gottes auch so. Hinter Bernd drängelt eine schon etwas ältere Frau. Bernd weiß schon bald nicht mehr, wie er sich drehen soll. Einmal bläst sie ihm wie ein Walross von hinten ins Genick. Wenn dann weiter vorgerückt wird, schiebt sie sich auf ihn auf, sodass ihr gewaltiger Busen auf Bernds Schulter zum Liegen kommt. Es ist richtig eklig. Zuerst gibt es Geschnetzeltes mit Reis. Die Dame hinter Bernd hält der Frau an der Essensausgabe den Teller so lange unter die Nase, bis er fast überläuft. Etwas weiter gibt es noch eine Banane. „Können Sie mir nicht zwei Bananen geben? Ich habe so selten welche bekommen", bettelt sie nun wieder. Die Frau an der Ausgabe schüttelt nur mit dem Kopf und reicht noch eine herüber. Bernd muss sich wegdrehen. Ist so etwas nicht widerlich? Am liebsten hätte er ihr seine Portion über den Kopf geschüttet! Am Tisch angekommen sagt er zu den anderen: „Manche Menschen können sich einfach nicht benehmen. Hungern mussten wir in der DDR ja nun wirklich nicht." „Da musst du erst einmal den Abend erleben", erläutert Horst. „Da gehen Saufgelage ab, dass es einen nur wundert. Anstatt das Begrüßungsgeld zu sparen oder sinnvoll auszugeben, versaufen es einige gleich wieder. Die denken, ihnen fliegen hier gebratene Tauben ins Maul. Die werden auch hier zu nichts kommen. Auch im Westen muss das Geld zusammengehalten werden." „Wie recht du hast", erwidert Bernd und widmet sich dem Essen.

Es dauert fast eine Ewigkeit, ehe Bernd alle Stationen der Erfassungsstelle durchlaufen hat. Zwei volle Tage ist er nun schon hier. Dann, als er gefragt wird, in welches Bundesland er wolle, weiß er nicht, wohin. Da fällt ihm der alte Jakop wieder ein. Hatte er nicht in der Nähe von Mannheim Verwandte? „Wenn es möglich wäre, in die Nähe von Mannheim", sagt er darum beim nächsten Mal. „Okay, ich werde es vermerken, es wird schon möglich sein", gibt das nette Fräulein zur Antwort. „Man kann die Angestellten hier nur bewundern", denkt Bernd. „Manche benehmen sich, als wenn sie hier groß geworden wären. Großkotzig, überheblich und undankbar!"

Am nächsten Tag, als Bernd wieder bei den Aufnahmegesprächen ist, bekommt er eine positive Antwort. „Direkt in Mannheim ist nichts", erklärt das Fräulein, das ihn betreut. „Jedoch in Osthofen, das ist circa 40 Kilometer entfernt, liegt aber in Rheinland-Pfalz, könnte ich Sie unterbringen." „Mir ist das völlig egal. Ich habe ja keine Verwandten in der BRD. Irgendwo muss ich ein neues Leben anfangen." „Gut", sagt das Fräulein und ist sichtlich erleichtert, wieder einen Fall erledigt zu haben. „Ich leite dann alles ein. Heute Abend bekommen Sie von mir eine Fahrkarte der Bundesbahn. Morgen beginnt dann Ihre Fahrt in die neue Heimat." Dabei nickt sie Bernd aufmunternd zu.

Der Zug rauscht dahin, als würde er fliegen. Bernd vermisst regelrecht das Rattern und Stoßen, das er von der Reichsbahn her kennt. Draußen vor dem Fenster saust die Landschaft nur so vorbei. Obwohl er oft in Gedanken versinkt, betrachtet er die Gegend aufmerksam. Wie sauber und gepflegt hier alles ist! Am besten gefallen ihm die Dächer der Häuser. Leuchtend rot grüßen sie schon von Weitem. Ja, ja, da ist die DDR noch um einiges hinterher. Es gibt hier jedoch nicht solche großen Ackerflächen wie drüben. Lieblich ziehen sich schmale Acker- oder Wiesenflächen den Hang hinauf. Es ist ein schöner, milder Herbsttag. Die Sonne meint es noch einmal gut. So kann man auf den Feldern emsige Bauern sehen, die pflügen oder das Wintergetreide aussäen sowie Wiesen und Weiden auf den kommenden Winter einstellen. Wie wird es zu Hause aussehen? Wie haben es seine Eltern aufgenommen? Was wird im Dorf und im Betrieb für eine Aufregung sein! Am meisten tut ihm Vater leid. Er wird sich wochenlang nicht auf die Straße wagen! Und Susann und Holger!? Sicherlich werden sie sein Tun verabscheuen und in den Versammlungen als negatives Verhalten gegenüber dem Staat, der doch so viel Gutes für ihn getan hat, hinstellen. Egal, es ist geschehen und Bernd verspürt keinerlei Gewissensbisse.

Draußen sind nun Weinfelder zu sehen. Das Weinlaub ist schon bunt gefärbt. Leuchtend gelb, an manchen Stellen ins Rötliche gehend, teilweise noch grün und gleich etwas weiter von braun bis dunkelrot, spiegelt es sich in der Nachmittagssonne. Die Fahrt führt bereits das Rheintal hinauf. Links drüben, auf der anderen Seite des Abteils, kann man an manchen Stellen den gewaltigen Strom zu Gesicht bekommen. Da kann sich ja die Elbe mehrmals drin verstecken, stellt Bernd fest. Schon vom Zug aus kann man erkennen, dass das Wasser viel sauberer ist als in der Elbe. Bald muss Osthofen kommen; er darf das Aussteigen nicht verpassen.

Langsam schlendert Bernd durch das Lager. Um Gottes willen, wo ist er hier nur hingekommen? Zwischen hier und Gießen ist ein Unterschied wie zwischen einem Fünfsternehotel und einer primitiven Jugendherberge. Das Schlimmste ist für Bernd, dass man sich nach der Anmeldung selbst überlassen bleibt. Die Angestellten geben sich auch hier große Mühe. Es sind im Lager jedoch überwiegend Ausländer untergebracht. Manchmal wird es Bernd ganz unheimlich, wenn er in die dunklen Gesichter der Menschen sieht. Eins steht für ihn fest: Er muss so schnell wie möglich hier heraus! Gemächlich schlendert er dem Ausgang entgegen. Vor dem Tor stehen einige Autos. An einem Auto ist ein Schild angebracht: „Suche Heizungsmonteur. Treff 16 Uhr hier." Na, das wäre doch etwas, denkt Bernd. Er schaut auf die Armbanduhr: 14 Uhr. Dann habe ich noch Zeit und gehe ein Stück durch den Ort. Nur weg vom Lager!

Als er kurz vor 16 Uhr zurückkommt, kann er schon von Weitem einen Mann beim Auto stehen sehen. Langsam geht er näher heran. Der Mann ist höchstens 30 Jahre alt, etwas zu rund für seine Körpergröße, in Arbeitskleidung. Als er Bernds gewahr wird, fragt er sogleich: „Sind Sie hier im Lager?" Bernd nickt nur mit dem Kopf. „Verstehen Sie Deutsch?", fragt der Mann wieder. „Ja", antwortet Bernd nur kurz. „Ich suche tüchtige Arbeitnehmer. Verstehen Sie etwas vom Heizungsbau?" „Ja, ich kann schweißen und auch so verstehe ich einiges davon." Bernd ist aus irgendeinem Grund vorsichtig. „Dann sind Sie für mich der richtige Mann!", jubiliert der Dicke. „Gestatten, Maier, mit ai, Heizungs- und Lüftungsbau. Ich kann Ihnen Arbeit und Unterkunft bieten." Er nimmt Bernd zur Seite und redet nun bedeutend leiser als eben. „10 DM Stundenlohn und ein Zimmer, sagen wir 250 DM im Monat! Na, ist das nichts?" Bernd ist vor Aufregung rot angelaufen. Das ist ja schon ein Angebot! Arbeiten, auf andere Gedanken kommen und vor allem – raus hier! „Wann könnte ich denn bei Ihnen anfangen?", fragt er etwas verlegen. „Fahren Sie doch gleich mit. Ich zeige Ihnen alles und morgen können Sie, wenn Sie wollen, gleich anfangen."

Gesagt, getan. Bernd fährt mit. Es ist ihm nicht gerade wohl dabei, doch er ist froh, einen Anfang gemacht zu haben.

Nun sitzt Bernd wieder in einer Bodenkammer. Jedoch weit vom Erzgebirge entfernt! Die Kammer, mehr kann man dazu wirklich nicht sagen, besteht nur aus einer Liege mit Nachtschränkchen, einem Tisch mit Stuhl, sowie einem Schränkchen mit eingebautem Kühlschrank und zwei Kochplatten. Die Toilette und Dusche befindet sich eine Etage tiefer. Eine Woche ist er nun schon hier. Die Arbeit ist interessant und abwechslungsreich. Was es doch alles gibt! Kupferrohre, so viele man haben will! Die modernen Maschinen zum Sägen, Schweißen und Gewinde schneiden! Was müssen sich die Handwerker in der DDR da plagen! Die vier Arbeitskollegen sind, bis auf einen jugendlichen Spinner, in Ordnung. Der Spinner hat vielleicht Vorstellungen vom Osten! Noch die Eierschalen hinter den Ohren, aber sich aufspielen, als wenn er mit seiner Hände Arbeit den Wohlstand hier im Westen geschaffen hätte. „Die im Osten sind alle dumm und leben wie auf Müllhalden." Bernd nimmt es gelassen. Es ist doch überall das Gleiche. Solche Typen muss man halt auch mit verkraften.

Er sitzt am Tisch und grübelt vor sich hin. Vor ihm liegt schon eine geraume Zeit lang ein weißes Blatt Papier. Er will nach Hause schreiben. Jetzt, wo er eine genaue Anschrift hat, hofft er, auch von den Eltern Post zu bekommen. Von Gießen hat er ja nur eine Karte geschickt. Lange schon schiebt er das Papier hin und her. Er weiß einfach nicht, wie er beginnen soll. Immer wieder geht er zum Fenster und blickt auf die Rheinebene hinunter, welche er von hier aus weit überblicken kann. Adi liegt noch im Krankenhaus. Er hat gestern mit ihm telefoniert. Mit Adi in einem Zimmer liegt der Sohn eines Fuhrunternehmers aus der Gegend dort. Bei einem Besuch seines Sohnes hat der Chef Adi gleich Arbeit als Fahrer im Fernverkehr angeboten. Nun ist Adi Feuer und Flamme. Er kann es gar nicht erwarten, wieder gesund zu werden. Für Bernd bedeutet das, er wird hier allein bleiben und muss sich selbst eine neue Existenz aufbauen. Manchmal, vor allem am Abend, fühlt er sich verdammt allein. Er dreht sich um, setzt sich wieder an den Tisch und beginnt zu schreiben. Er will nicht politisch werden. Nur dass sie über die Grenze sind und wie es ihm jetzt geht, will er zu Papier bringen. Das soll für den Anfang genügen.

Sie sitzen auf Werkzeugkisten und allem, was sich so zum Sitzen anbietet, und machen Mittagspause. Bernd macht sich immer einige Stullen für diesen Zweck. Andere holen sich belegte Brötchen vom Metzger. Einer fährt mit dem Bus der Firma und holt für alle. Bernd ist das zu teuer. Frank, der jugendliche Spinner, gibt allein für das Essen täglich bis zu 15 DM aus. Sie arbeiten in einem Neubau. Auf der Straße vor der Baustelle wird gerade die neue Gasleitung verlegt. Die Arbeiter, alles Ostfriesen, sitzen auch mit hier in den Pausen. „Ihr fahrt also jedes Wochenende nach Hause, nach Ostfriesland, und kommt in der Nacht von Sonntag auf Montag wieder hier herunter, um zu arbeiten?", fragt Bernd ungläubig. „Was wollen wir machen?", entgegnet der Vorarbeiter. „Dort oben ist zwar alles billiger, vor allem Grundstücke und Häuser, doch mit Arbeit sieht es schlecht aus. So nehmen wir eben das Zigeunerleben in Kauf, denn wegziehen von dort will auch keiner. Wer verlässt schon freiwillig seine Heimat, das Stückchen Land, wo man geboren wurde und groß geworden ist?" „Wie recht du hast", sagt Bernd mit Wehmut in der Stimme. „Wo kommst du denn her?" Neugierig geworden fragt der Baggerfahrer Bernd. „Von Dresden", gibt Bernd zur Antwort. Seinen kleinen Ort im Erzgebirge wird doch keiner kennen. Der Baggerfahrer setzt seine Flasche Bier ab, von der er gerade trinkt. Bernd wundert sich. Fast alle trinken hier Bier. Das wäre in der DDR nicht zugelassen worden. Hier fragt keiner danach. „Fährst du da jeden Tag nach Hause?", fragt der Baggerfahrer wieder. „Ach ja, du kommst ja von Ostfriesland." Bernd kann das Lachen nicht unterdrücken. „Das liegt hinter dem Eisernen

Vorhang", belehrt jetzt der kluge Frank. „Der da", dabei weist er auf Bernd, „kann froh sein, dass er hier ist. Jetzt kann er sich wenigstens richtig satt essen. Die nagen doch alle am Hungertuch da drüben." „Es hat zwar vieles nicht oder nur über Beziehungen gegeben, doch hungern braucht da keiner. Fahre doch mal rüber und schaue es dir an, dann kannst du mitreden", sagt Bernd und schaut den klugen Frank geringschätzig an. „Ha, dann werde ich an der Grenze gefilzt und alles wird mir weggenommen. Die behandeln einen ja wie einen Schwerverbrecher. Dabei sind sie selbst welche", erbost sich Frank. „Außerdem sehe ich nicht ein, mein sauer verdientes Geld in Form von Zwangsumtausch den Bonzen da drüben in den Rachen zu werfen." „Ich war voriges Jahr mal drüben", beginnt der Vorarbeiter. „Wir sind mit dem Bus gefahren. Dresden haben wir auch besucht und dort, wo das Porzellan gemacht wird."

„Meißen", wirft Bernd ein. „Ja, genau, Meißen. Man kann sagen, was man will, dumm sind die dort bei Weitem nicht. Nur bekommen sie halt für ihr Geld wenig zu kaufen. Freier müssten sie eben leben können. Warum sperrt man sie eigentlich ein?" „Ja", meint Bernd, „der Russe hat halt alles fest im Griff. Jede Erhebung würde sofort im Keim erstickt werden. Überall im Lande verteilt sind die Einheiten stationiert." „Die NATO müsste einmarschieren", plärrt Frank wieder dazwischen, „und alles kurz und klein schlagen!" „Das würde einen neuen Weltkrieg geben", meint der Vorarbeiter stirnrunzelnd. „So einfach ist das auch wieder nicht." Damit erhebt er sich. Das ist für alle das Zeichen, dass die Pause zu Ende ist. Wie lange würden sie drüben in der Gießerei jetzt noch sitzen und diskutieren?, denkt Bernd.

Da Bernd beim Chef wohnt, fährt er den VW-Bus. Morgens holt er der Reihe nach die Kollegen ab. Am Abend fährt er dann die Runde wieder zurück. So ist es immer schon dunkel, wenn er nach Hause kommt. Die Chefin hat ihm angeboten, er könne am Abend die Zeitung bekommen, so brauche er keine zu kaufen. Ab und zu fehlen ein paar Seiten, wenn der Chef sie gelesen hat und auf irgendwelche Anzeigen antworten will, doch das stört

Bernd nicht. Gibt es doch auch so noch genug zu lesen, um die neue Welt um ihn herum besser kennenzulernen. Man hat vereinbart, die Post und die Zeitung für Bernd auf die Treppe zu legen. Heute ist ein Brief von Mutter dabei. Das kann er sofort an der Handschrift erkennen. Aufgeregt rennt er die Treppe hinauf. Er wirft die Sachen einfach auf den Fußboden, holt ein Messer und öffnet den Umschlag mit zittrigen Händen:

„Lieber Bernd!
Eigentlich wollte ich dir ja nicht schreiben. Aber da Du nach wie vor unser Sohn bist, sollst Du erfahren, was Du mit Deiner Flucht angerichtet hast. Wie Pestkranke werden wir hier behandelt. Stundenlang sind wir von der Stasi verhört worden. Immer wieder haben wir behauptet, nichts von Deiner Flucht gewusst zu haben. Vater hat daraufhin einen Herzanfall bekommen. Eine Woche hat er im Krankenhaus gelegen. Jetzt ist er wieder zu Hause, aber er ist ein gebrochener Mann. Wie geistesabwesend läuft er durch die Wohnung. Nicht mehr als zwei Sätze spricht er am Tage. Warum hast Du das nur getan? Ist es Dir hier so schlecht gegangen? Aber was Dich auch bewogen hat, ich werde immer an Dich denken und im Herzen immer bei Dir sein."

Bernd lässt den Brief sinken und starrt entsetzt in die Zimmerecke. Nein, das hatte er nicht gewollt! Das nicht! War er auch oft anderer Meinung als Vater, aber das hat er nicht gewollt! Tränen steigen ihm in die Augen. Er denkt an seine Kinderzeit mit Vater. Eigentlich war er, wenn es seine Zeit erlaubte, immer für ihn da gewesen. Geistesabwesend streift er die Schuhe ab, legt sich aufs Bett und starrt an die Decke. Warum ist alles so kompliziert? Wie schön könnte es auf dieser Welt sein, wenn nicht der eine Hü und der andere Hott ziehen würde. Lange, sehr lange grübelt er noch, ehe er duschen geht.

Tagelang läuft Bernd wie geisteskrank durch die Gegend. Das Schlimme ist, ein Wochenende steht vor der Tür. Wie unendlich lang würde das wohl wieder werden? Irgendwie muss der

Chef es gemerkt haben. Bernd hat schon lange festgestellt, dass sein Chef ein ganz windiger Kerl ist. Wie er so mitbekommen hat, steht die Firma auf sehr wackligen Beinen. Rechnungen werden oft erst nach mehreren Mahnungen bezahlt. Überall wird etwas angefangen, doch bald geht es wieder auf eine andere Baustelle. Wenn dann Bernd oder einer seiner Kollegen wieder mal da sind, werden sie oft übel beschimpft. Kommen sie mit Leuten von anderen Heizungsfirmen zusammen, machen die sich oft lustig über ihre Firma. „Bei dem Lohn, den ihr gezahlt bekommt, würde ich erst am Mittag anfangen", hat mal einer zu Bernd gesagt. Irgendwie wird Bernd manchmal mulmig zumute. Die beste Wahl hat er wohl nicht getroffen. Doch mittlerweile kennt er sich schon recht gut in der Branche aus. Arbeit findet er immer, da hat er keine Angst mehr. „Na, Herr Schulze, Ihnen wird wohl an den Wochenenden die Zeit lang?", fragt der Chef am Freitagabend. „Wenn Sie möchten, können Sie mir morgen im Garten den Zaun bauen. Um 8 Uhr wird er angeliefert, dann können Sie gleich loslegen." Kameradschaftlich klopft er Bernd dabei auf die Schulter. „Ja", antwortet Bernd etwas zu schnell. „Also abgemacht. Wir fahren morgen weg und kommen erst am Sonntag wieder. Deshalb können wir morgen nichts schaffen. Aber damit Ihnen die Zeit nicht zu lang wird, habe ich beim Zaunbau gleich an Sie gedacht. Sie sehen also, ich mache mir um meine Arbeiter schon Gedanken." Wieder klopft er Bernd auf die Schulter und sieht ihm vielsagend ins Gesicht. Irgendwie kommt Bernd die Sache schleimig vor. Von Anfang an hatte er eine gewisse Abneigung gegen den Chef. Seine Menschenkenntnis hat ihn noch nie irregeführt. Das lässt sich Bernd jedoch nicht anmerken. „Geht in Ordnung, Chef!", gibt Bernd zur Antwort. Noch nie hat er ihn mit Namen angeredet. „Sag immer Chef zu ihm", hatten seinen Kollegen einmal gesagt, „das wünscht er so." Bernd ist es auch schittegal, wie er sich ausdrücken soll. Jeder hat so seinen Vogel. „Alle Arbeitsgeräte finden Sie im Keller. Wenn wir wieder da sind, können wir uns dann am neuen Zaun erfreuen", versucht er zu scherzen.

Früh schon ist Bernd am Morgen auf. Um fünf Uhr hat er den Chef wegfahren hören. Danach hat er sich im Bett hin und her gewälzt und an zu Hause gedacht. Jetzt öffnet er die Tür zum Keller. Herrje, wie sieht es denn hier aus? Alles steht oder liegt kreuz und quer durcheinander. Es macht den Eindruck, als wenn die verschiedenen Gegenstände von der Tür aus hineingeworfen worden wären. So macht sich Bernd erst mal daran, den Saustall einigermaßen aufzuräumen. Alles, was er im Garten benötigt, stellt er gleich vor die Tür. Das andere versucht er so zusammenzustellen, wie er meint, dass es zusammengehört. Einige Stiele von Schaufeln und Hacken sind abgebrochen. Es gibt aber genug davon. Wahrscheinlich hat man immer, wenn ein Stiel abgebrochen war, ein neues Gerät gekauft. Bernd schaut auf die Uhr. Sieben Uhr 10 Minuten. Noch so viel Zeit bis acht Uhr. So beginnt er, das kaputte Werkzeug in Ordnung zu bringen. Punkt acht Uhr reißt ihn ein Hupen aus seiner Beschäftigung. Der Zaun kommt, schießt es ihm durch den Kopf. Er hatte durch seine Arbeit jegliches Zeitgefühl verloren.

Bernd ist ganz schön ins Schwitzen gekommen. Allein ist es nicht so einfach, wie er angenommen hat. Braucht man doch oft jemanden zum Halten. Nun ist er aber schon bis hinauf zum Weg gekommen. Er setzt sich auf den Rand der Schubkarre und ruht sich erst einmal aus. „Morgen!", ertönt eine Stimme von hinten. Ein Mann, so um die sechzig, war den Weg herübergekommen. „Hat der Bankert wieder einmal einen Dummen gefunden", sagt er beim Herankommen. „Wieso?", fragt Bernd. „‚Wieso' fragen Sie? Sie scheinen fremd hier zu sein. Kein anderer würde für diesen Gangster auch nur einen Finger rühren." Bedächtig kramt er eine dicke Zigarre hervor. Dann schneidet er sie fachmännisch zurecht, befeuchtet sie mit der Zunge und zündet sie umständlich mit einem Streichholz an. Dabei dreht er sie mehrmals. Nachdem er ein paar gewaltige Züge gemacht hat, beginnt er wieder zu sprechen: „Viele Nachbarn haben damals beim Bau des Hauses mitgeholfen oder haben Geräte ausgeliehen. Sie warten heute noch auf das versprochene Geld. Die meisten geliehenen Geräte sind kaputt oder überhaupt nicht zurückgegeben worden. Freunde haben die …", dabei zeigt er mit der Zigarre zum Haus hinunter, „in der Gegend keine mehr. Auch mit der Firma soll es nicht zum Besten bestellt sein." „Nun ja", beginnt Bernd, „ich bin in der Firma angestellt und habe ein Zimmer im Haus. Heute, am Samstag, arbeiten wir seit langer Zeit einmal nicht. So habe ich mich bereit erklärt, den Zaun zu bauen." „Ach, kommen Sie von drüben?", kommt die erstaunte Frage. „Ja, ich bin vor Kurzem rüber", sagt Bernd etwas kleinlaut. „Das sieht dem Volk da ähnlich", wieder zeigt er zum Haus hinunter, wobei ein gewaltiger Funkenflug von seiner Zigarre ausgeht, „die Armut und das Unwissen der anderen ausnutzen! Haben Sie wenigstens einen guten Stundenlohn ausgehandelt?", fragt der Mann und tritt noch näher heran. „Nein, noch nicht", sagt Bernd ehrlich. „Das kann ich mir gut vorstellen. Da sehen Sie keinen Pfennig. Hier ist das alles anders. Man muss vorher einen Preis ausmachen. Vor allem darf man sich nicht unter Wert verkaufen." Sein Ton wird etwas vertrauter. „Auch die Löhne, die der zahlt, sind lächerlich. Sie sollten sich bald nach etwas Besserem umsehen. Mein Neffe arbeitet in Bad Dürkheim in einer Heizungsfirma. Den werde ich mal fragen, ob sie Leute einstellen. Das hier ist ja der blanke Ausputz." Seine Augen funkeln mitleidig. „Ich bin ja froh", beginnt Bernd wieder, „erst einmal etwas gefunden zu haben. Arbeit und ein Dach über dem Kopf. Das ist mir schon wichtig." „Ja, das stimmt schon", raunt der Mann. „Doch hat auch das einen vernünftigen Preis zu haben. Mich geht das Ganze ja nichts an, doch ich habe in meinem Leben schon viel Unrecht gesehen. Sie gefallen mir, darum möchte ich Ihnen helfen. Zunächst sollten Sie sich nach einer passenden Wohnung umsehen, damit Sie von dem da", diesmal nickt er nur in Richtung des Hauses, „nicht mehr abhängig sind." „Sie haben recht", Bernd gewinnt langsam Vertrauen. „Ich kann unmöglich in der Firma aufhören und weiter hier wohnen. Dass es noch nichts Endgültiges ist, ist mir bekannt. Zunächst aber muss ich erst einmal Fuß fassen, dann sehe ich weiter." „Recht haben Sie", erwidert der Mann und sein Kopf ist von einer mächtigen

Rauchwolke umhüllt. „Nichts überstürzen, alles schön der Reihe nach. Ich wohne da drüben am Ende des Weges. Wenn Sie mal etwas brauchen, können Sie jederzeit zu mir kommen." Er tippt sich an den Hut und geht zu seinem Haus.

Den ganzen Samstag hat Bernd sich mit dem Zaun abgeplagt. Nun, schon spät am Abend, ist er endlich fertig. Er säubert die Werkzeuge und räumt sie weg. Dann geht er hinauf in sein Zimmer. Nach dem Duschen sitzt er nun wieder am Tisch. Vor ihm liegt der Brief von Mutter. Lange überlegt er, was er ihr schreiben soll. Mechanisch greift er zum Kugelschreiber und beginnt zu schreiben. Alles muss er sich von der Seele schreiben. Von den Missständen in der DDR, seiner gescheiterten Liebe zu Susann, seiner Sehnsucht nach Freiheit. Aber auch die Flucht über die Grenze, sein neues Leben hier. Das Gute und das Schlechte. Auch betont er, in der DDR gebe es auch viel Gutes. Die soziale Sicherheit, das gute Arbeitsklima, die Ehrlichkeit der Menschen und dass keiner Existenzangst zu haben braucht. Es wird ein sehr langer Brief. Die Sterne stehen schon hoch am Himmel, als er den Brief noch einmal durchliest. Irgendwie innerlich befreit, sich sehr erleichtert fühlend, klebt er den Brief zu. Dann macht er noch seinen üblichen Gang zum Fenster und schaut noch ein wenig hinaus, ehe er sich zu Bett legt. Zum Fernsehen hat er keine Lust mehr. So weltbewegend sind ja die Fernsehprogramme im goldenen Westen auch wieder nicht. Er muss unwillkürlich daran denken, was so alles in der DDR angestellt wurde, um Westfernsehen empfangen zu können. Riesenantennenanlagen wurden von Interessengemeinschaften auf den Bergen installiert. Zur Tarnung wurde angegeben, man könne im Tal das zweite DDR-Programm nicht empfangen. Wie fleißig dann die großen Genossen am Samstag mit Hacke und Schaufel umgehen konnten, wenn es darum ging, den Kabelgraben auszuheben!

Nicht nur durch das Gespräch mit dem älteren Herrn aus der Nachbarschaft ist ihm klar geworden, er muss sich um eine Wohnung bemühen. Eine Woche lang studiert er die Anzeigen in den

Zeitungen. Bis jetzt hat er noch nichts Passendes gefunden. Gemütlich sitzen sie wieder in der Frühstückspause zusammen. Bernd geht erneut die Angebote von Wohnungen in der „Rheinpfalz" durch. „Suchst du eine Frau, alter Sachse?", fragt der Frank mit einem spöttischen Unterton. Wenn er auch oft blöd dahinredet, macht er sich doch auch Gedanken um seinen neuen Arbeitskollegen. Schon mehrmals wollte er Bernd mit zur Disco nehmen. Bernd hat jedoch immer wieder eine Ausrede gefunden. Ihm liegt der Discorummel nicht besonders. „Nein, ich suche eine kleine Wohnung für mich. Beim Chef die Bodenkammer ist ja auf die Dauer nichts." Vorsichtshalber behält er seine Ansichten für sich. „Das kann ich gut verstehen. Mir reicht es, wenn ich ihn die ganze Woche über sehen muss. Dann auch noch am Abend?" Vielsagend rollt Frank dabei mit den Augen. „Ich habe einen Bekannten in Bad Dürkheim, der schafft auch in einer Heizungsfirma. Er kennt Gott und die Welt, den könnte ich mal fragen, ob er etwas für dich hat." „Ja, wäre mir recht, man muss mehrere Eisen im Feuer haben!" Bernd ist sehr optimistisch.

Am Abend, wenn Bernd von der Arbeit kommt und sein Firmenauto auf dem vorgeschriebenen Platz abgestellt hat, geht er gewohnheitsgemäß noch einmal um das Fahrzeug herum. Das steckt noch so aus DDR-Zeiten in ihm drin. Es scheint alles in Ordnung zu sein. „Hallo", ertönt es von der anderen Seite des Zaunes. Es ist der ältere Herr vom Samstag. „Ich hätte da eine Wohnung für Sie. Ein Bekannter vom Stammtisch hat, um sein Geld anzulegen, eine Zweiraum-Wohnung gekauft. Man kann ja nie wissen, wie das Leben so spielt. Diese Wohnung möchte er an einen soliden Mieter vermieten. Da habe ich sofort an Sie gedacht." Nachdem sich ein gewaltiger Rauchschwaden verzogen hat, kann Bernd das verschmitzte Lächeln im Antlitz des Mannes erkennen. „Ist das wirklich wahr?" Bernd strahlt wie ein Honigkuchenpferd. „Jawohl, und die Miete ist auch angemessen. Er will nur Ordnung und Sauberkeit. Und das habe ich bei Ihnen erkannt." Bernd fühlt sich total erleichtert. Es gibt überall gute Menschen! „Wann kann ich die Wohnung besichtigen?", fragt

Bernd spontan. „Ich habe Ihnen die Anschrift und Telefonnummer hier auf diesen Zettel geschrieben. Es wird schon klappen. Meine Empfehlung habe ich bereits gemacht."

Dankbar nimmt Bernd den Zettel entgegen, den der Mann durch den Gartenzaun schiebt. Von großer Freude überwältigt kann er nur schlicht und einfach „Danke" sagen. In den Augen des Mannes kann er aber lesen, dass der es wirklich gut meint.

Viel Mühe hat der Umzug nicht gekostet. Reichtümer und Möbel hat Bernd ja nicht besessen. Nun steht er in der neuen Wohnung. Die Freude darüber ist riesig. Endlich etwas für ihn allein! Er hat sich ein Gästebett gekauft, um wenigstens vernünftig schlafen zu können. In einem Möbelhaus hat er sich eine kleine Küche bestellt. Das ist erst einmal wichtig. Alles andere will er nicht auf Raten kaufen. Immer schön ein Stück nach dem anderen. Er geht in der Wohnung auf und ab. Sie liegt auch ein wenig am Hang. Der Blick geht hinauf zum Pfälzer Wald. Ein kleines Stück kann er sogar die Rheinebene einsehen. Wenn auch der Ausblick nicht so schön ist wie in seiner erzgebirgischen Bodenkammer, so fühlt er sich seit Langem wieder geborgen. Hier kann er wieder tun und lassen, was ihm gefällt. Nun muss er sich nur noch nach einer guten Arbeit umsehen. Wiederholt hat ihn der Chef einer anderen Heizungsfirma angesprochen. Er hat eine gütige Ausstrahlung und erinnert Bernd in vielem an den alten Jakop. Jetzt, wo er nicht mehr an den Chef gebunden ist, kann er sich das ja mal überlegen.

Bernd hat Restarbeiten in einem Neubau zu erledigen. Für diese Arbeiten, fast ausschließlich Einstellungsarbeiten, ist er allein losgeschickt worden. Als er gerade einen Heizkörper im ersten Stock entlüftet, fällt sein Blick auf das gegenüberliegende Gebäude. Dort fährt gerade der Chef der anderen Heizungsfirma vor. Im Nu ist sein Entschluss gefasst. Fast fliegt er die Treppe hinunter. Als er das Auto erreicht, will der andere gerade wieder wegfahren. Er hat nur Material gebracht. Als Herr Höppner, der Firmenchef, Bernd kommen sieht, stellt er den Motor wieder ab.

„Ah", lässt er vernehmen, „Sie haben es sich überlegt?" Warme Augen blicken Bernd entgegen und ein wohlwollendes Lächeln umspielt den Mund. Genau wie Jakop, schießt es Bernd durch die Sinne. „Ja, es würde mir schon gefallen, bei Ihnen arbeiten zu können", antwortet Bernd ehrlich. „Kommen Sie heute um 18 Uhr zu mir. Sie wissen ja, wo ich wohne." „Ja, ich bin schon in der Nähe gewesen." „Alles Weitere können wir dann besprechen. Also bis 18 Uhr – ich würde mich freuen. Ich muss jetzt leider weiter, habe noch einige dringende Termine." Freundschaftlich legt er seine Hand auf Bernds Arm. Jetzt weiß Bernd, seine Entscheidung wird richtig sein.

Da er noch kein eigenes Auto besitzt, muss Bernd mit dem Bus fahren. Der ging bereits halb sechs. Zum Glück konnte Bernd heute pünktlich Feierabend machen. Nun schlendert er die Straße auf und ab. Vor der vereinbarten Zeit will er nicht vorsprechen. Punkt 18 Uhr drückt er den Klingelknopf. Eine liebliche Melodie ertönt. Kurz darauf geht die Haustür auf. Eine Frau, so an die sechzig Jahre alt, erscheint. Leicht mollig in den Hüften, doch von dick kann man nicht reden. Fast liebevoll betrachtet sie Bernd. „Sie sind der junge Mann, der sich bei uns bewerben möchte?", fragt sie höflich. „Jawohl, ich bin um 18 Uhr mit dem Chef verabredet." „Er hat noch einige Telefongespräche zu erledigen. Wenn Sie bitte im Wohnzimmer warten wollen. Ich gehe gerade voraus." Sie führt Bernd in ein liebevoll eingerichtetes Wohnzimmer. Alle Möbel sind in Eiche Natur ausgeführt. An der gegenüberliegenden Seite sieht er eine gewaltige Wohnwand. Sie ist fast übervoll mit Keramik gefüllt. Neben dem Durchgang zur Küche befindet sich ein Sideboard. Auf ihm steht eine wunderschöne Kaminuhr. Die Wand über dem großen Dreisitzer-Sofa ist übersät mit Fotografien. Alle fein säuberlich eingerahmt. Bernd tritt heran. Jugend- und Hochzeitsbilder vom Hausherrn und seiner Frau. Aber auch ein Bild mit einem jungen Paar mit einem kleinen Mädchen ist zu sehen. „Das ist mein Sohn mit Frau und Kind", kommt die weiche Stimme von hinten. Als sich Bernd verwundert umschaut, kann er in die Augen der

Frau sehen, in denen ein Schimmer von Wehmut liegt. „Er war damals nicht viel älter als Sie jetzt. Er war ein Abenteurer. Jedes Jahr zur Urlaubszeit zog es ihn mit der Familie in die Ferne. In Afrika, bei einem Landeanflug im Sandsturm, ist es dann passiert. Absturz. Sie waren alle sofort tot." Die letzten Worte kommen fast tonlos über ihre Lippen. Liebevoll fährt sie mit den Fingern über das Bild. Sie hat es inzwischen abgehängt und hält es in den Händen. Bernd bekommt ein Würgen im Hals. Obwohl er die Leute nicht kennt, geht es ihm doch nah. Unwillkürlich muss er wieder an den alten Jakop denken. Irgendwie gibt es Parallelen. Die Frau macht einen sehr liebenswürdigen Eindruck. „Ist schon in Ordnung", spricht die Frau mit ihrer weichen Stimme weiter. „Es ist schon einige Jahre her. Wir sind jetzt einigermaßen darüber hinweggekommen. Doch ab und zu kommt halt der Schmerz wieder durch." „Ja, das kann ich gut verstehen. Ich weiß, wie das ist, wenn man einen lieben Menschen verliert", antwortet Bernd gedankenverloren. „Ich schau mal, ob der Chef schon zu sprechen ist", sagt die Frau etwas zu schnell und verlässt den Raum in Richtung Büro.

„Da sind Sie ja." Mit einem Lächeln in den Augen tritt der Chef zur Tür herein. „Bitte entschuldigen Sie, dass ich Sie warten ließ, aber die Kunden erreicht man am Abend fast immer besser. Da muss noch dieses und jenes besprochen werden und so vergeht die Zeit wie im Fluge." „Ich hatte sowieso nichts anderes vor heute Abend. Ich habe also Zeit", antwortet Bernd. „Am besten ist es, wir gehen gleich ins Büro. Dort habe ich alle notwendigen Unterlagen. Was darf ich Ihnen etwas zu trinken anbieten? Bier, Wein oder Weinschorle? Es ist ja Feierabend. Da sollte man sich schon etwas gönnen, wenn man den ganzen Tag schwer geschuftet hat." Mit einer aufmunternden Geste dirigiert er Bernd ins Büro. „Weinschorle, was ist denn das?", fragt Bernd. „Sie leben in der Pfalz und wissen nicht, was Weinschorle ist? Das muss ich unbedingt ändern!", scherzt Herr Höppner. „Emmi, hole doch bitte Wein aus dem Keller", ruft er zur Küche hin, wo er seine Frau beschäftigt weiß. „Für mich Riesling und für

Herrn Schulze einen etwas lieblicheren, vielleicht einen Müller-Thurgau oder Silvaner." „Ja, ich gehe gleich", klingt die Stimme von nebenan. „Und Sauerwasser!"

„Ja, ja, kommt sofort", lautet die Antwort. „So setzen Sie sich doch bitte, Herr Schulze." Mit einer einladenden Handbewegung deutet er auf einen Sessel. Sie sitzen sich nun gegenüber und fixieren sich. Herr Höppner räuspert sich und beginnt. „Um es kurz zu machen, es ist schwer, in unserer Branche gute, zuverlässige Mitarbeiter zu bekommen. Vielen ist diese Arbeit zu schwer und zu dreckig." Er hebt den Kopf und schaut Bernd mitten ins Gesicht. „Ich habe Sie schon eine Weile beobachtet. Sicherlich ist es nicht fair, einem anderen Handwerker die Leute auszuspannen. Doch ihr jetziger Arbeitgeber ist, mit Verlaub gesagt, ein verdammter Windhund. Er nimmt die Arbeiter nur aus. Darum ist es auch ein Kommen und Gehen in dieser Firma." Er räuspert sich wieder. „Das Blaue vom Himmel kann ich Ihnen auch nicht versprechen. Doch für gute, saubere Arbeit gibt es bei mir auch guten Lohn. Verstehen Sie mich jetzt nicht falsch. Auch ich habe nur ein bestimmtes Limit zur Verfügung und kann nicht über meinen eigenen Schatten springen. Aber so 500 DM bekommen Sie sofort mehr bei mir. Nach der Probezeit, die Sie bestimmt gut bestehen werden, können wir dann auch über eine angemessene Erhöhung sprechen." Alles, was er zu sagen hatte, war in sachlichem Ton vorgetragen worden. „Sie müssen sich auch nicht sofort entscheiden. Überlegen Sie in Ruhe, ich möchte Sie da nicht beeinflussen." „Da brauche ich nicht lange zu überlegen", sagt Bernd genauso sachlich wie Herr Höppner. „Dass es in der Firma in vielen Dingen Unstimmigkeiten gibt, das ist mir auch schon aufgefallen. Über kurz oder lang wäre ich ja doch gegangen. Zunächst musste ich mir eine Wohnung suchen, um da herauszukommen." „Sie haben schon eine Wohnung? Das ist ja prima. Ansonsten wäre ich Ihnen bei der Suche behilflich gewesen", fällt der Hausherr Bernd fast ins Wort. „Ja, deshalb kommt Ihr Angebot auch genau im richtigen Augenblick. Es ehrt mich sehr und macht mich froh, dass Sie gerade mich ausgewählt haben", sagt Bernd treuherzig. „Es ist nicht zufällig, dass ich Sie angesprochen habe", erwidert der Chef. „Ich habe in meinem Leben viele Menschen kennengelernt. Deshalb denke ich, eine gewisse Menschenkenntnis zu besitzen." Wieder blickt er Bernd fest an. „Ich bin mir wirklich sicher, mich in Ihnen nicht getäuscht zu haben." Da geht die Tür auf und die Frau des Hauses kommt mit den Getränken. „Jetzt kommen wir zum geselligen Teil", scherzt Herr Höppner nun. Gemächlich, fast ehrfürchtig öffnet er den Wein. „Also ich benötige fast kein ‚Sauerwasser'. Wie ist es bei Ihnen? Halbe, halbe ist für den Anfang gerade recht, nehme ich an?" „Ja, danke, ist schon recht so", stimmt Bernd zu. Die gefüllten Gläser werden erhoben und sie prosten sich zu. „Also dann, auf gute Zusammenarbeit, Herr Schulze." Der neue Chef nimmt einen tiefen Zug aus dem Weinglas. Er kaut den Wein fast und lässt ihn dann genießerisch durch die Kehle rinnen. Oh ja, hier kann man den Weinkenner erkennen! Er setzt sich wieder hinter seinen Schreibtisch. „Sie kommen, wie ich erfahren habe, von drüben – aus der DDR. Erzählen Sie mir doch ein wenig, wie es dort so ist. Seit den Fünfzigerjahren bin ich nicht mehr da gewesen. Ich kenne Leipzig und Dresden flüchtig." „Ich komme aus dem Osterzgebirge in der Nähe von Dresden, das Sie ja kennen." „Wo haben Sie da genau gewohnt und was haben Sie gearbeitet?", will Herr Höppner wissen. Jetzt beginnt Bernd zu erzählen. Von zu Hause, der Arbeit in der Gießerei, den Zuständen in der DDR. Nur von Susann erzählt er nichts, obwohl ihn eine gewisse Sehnsucht, aber auch Wut bei dem Gedanken an sie überkommt. Aufmerksam lauschen die älteren Herrschaften, denn die Frau hatte sich, nachdem sie gemerkt hat, dass der geschäftliche Teil beendet war, hinzugesetzt. Gespannt und fast liebevoll hängen ihre Augen an Bernds Lippen. Auch sie hat sich ein kleines Gläschen Wein eingeschenkt. Viel muss Bernd berichten. Immer wieder werden interessante Zwischenfragen gestellt. So vergeht die Zeit wie im Flug. Als Bernd zur Uhr schaut, ist es schon 11 Uhr vorbei. Der letzte Bus ist weg! Herr Höppner hat die Reaktion von Bernd bemerkt. „Es ist vielleicht besser, Sie lassen Ihr Auto heute hier stehen und fahren mit dem Taxi!", ermahnt er. „Ich habe noch kein eigenes Auto. Bin mit dem Bus gekommen." „Das wäre bestimmt das einzige Problem bei Ihnen", meint der Chef. „Es wäre schon gut, wenn Sie ein eigenes Auto hätten. Wir kommen, das wissen Sie ja auch, nicht immer pünktlich nach Hause. Wenn Sie dann noch auf den nächsten Bus warten müssen, ist das nicht gerade angenehm." „Bis jetzt habe ich kein Auto benötigt. Ich bin immer mit dem Dienstwagen bis vor die Tür gefahren", sagt Bernd etwas betrübt. Hoffentlich hängt meine Einstellung nicht von einem Auto ab, überlegt er. Herr Höppner, der Menschenkenner, hat auch das gleich bemerkt. „Ich mache Ihnen einen Vorschlag", ermuntert er Bernd. „Ich zahle Ihnen einen Vorschuss zur Anzahlung für ein Auto. In Raten können Sie es dann abstottern. Zinslos natürlich. Sie müssen beweglich werden. Das ist hier sehr wichtig."

Glücklich schaut Bernd auf den neuen Chef. „Das würden Sie wirklich tun?", fragt er erstaunt. „Natürlich, so können Sie mir wenigstens nicht mehr ausreißen!", scherzt Herr Höppner. „Handschlag drauf. Das ist hier so üblich." Er streckt Bernd seine große, von schwerer Arbeit gezeichnete Hand entgegen. Freudig schlägt Bernd ein. Damit ist es besiegelt. Bernd freut sich schon auf den neuen Arbeitsplatz. Für ihn ist das fast wie ein Lottogewinn. Von jetzt an geht es bergauf, das fühlt er. Herr Höppner hat schon ein Taxi kommen lassen.

Obwohl Bernd schon lange nicht mehr so viel getrunken hat, höchstens ab und zu mal ein Bier, kann er nicht gleich einschlafen. Wie zu Hause steht er am Fenster und schaut hinaus. Drüben am Horizont sind schwach die Konturen der Berge des Pfälzer Waldes zu sehen. Irgendwie ist ihm, als wenn eine große Last von ihm genommen wäre. Jetzt hat er keine Zukunftsängste mehr. Langsam kommen die ersten Erfolge und es macht allmählich Sinn, dass er sein Leben aufs Spiel gesetzt hat, um in dieses Land zu kommen. Manchmal, in einsamen Nächten, sind ihm oft Zweifel gekommen, ob seine Entscheidung, alles hinter sich zu lassen, das wert gewesen sei. Die Geborgenheit, die Eltern und Freunde, die Heimat. Auch hier wird nur mit Wasser gekocht und ohne Fleiß kommt man zu nichts. So manches hatte er sich im „Goldenen Westen" anders vorgestellt. Langsam, sehr langsam beginnt er nun, heimisch zu werden.

Bernd hat sich schnell in den neuen Betrieb eingelebt. Mächtig Bammel hatte er vor der Ankündigung beim alten Chef, den Betrieb zu verlassen. Der hat aber nur lässig abgewinkt. „Wenn Sie meinen, woanders gehe es Ihnen besser, dann müssen Sie eben gehen. Meine Frau macht Ihnen bis zum Wochenende die Papiere fertig. Wir haben ja keinen Arbeitsvertrag, so geht alles viel schneller. Bernd hatte sich auf eine Riesenpredigt eingestellt, was doch der Chef ihm alles Gutes getan hätte. Doch nichts dergleichen geschah. Aber auch über das Geld, das Bernd für den Zaunbau noch zu bekommen hatte, wurde kein Wort verloren. Das hatte Bernd auch so schon abgehakt.

Die neuen Arbeitskollegen sind ähnlich wie die alten. Nur geht es in der Firma gesitteter zu. Jedes Auto der Firma hat seinen Parkplatz auf dem Hof. Jeder Fahrer ist für sein Fahrzeug und Werkzeug verantwortlich. Hier fühlt sich Bernd von Anfang an wohl. Ist er doch Ordnung und Sauberkeit gewohnt.

Gleich in der ersten Woche hat sich Bernd mit Hilfe von Herrn Höppner einen gebrauchten VW-Golf gekauft. Nun ist er wirklich beweglich. Sonntags fährt er nun, wenn es das Wetter zulässt, zu ausgedehnten Wanderungen in den Pfälzer Wald. Hier fühlt er sich wohl. Er hat sich eine Wanderkarte gekauft. Unter der Woche arbeitet er sich eine Wanderroute aus, die er dann am Wochenende in die Tat umsetzt. Er hat sich etwas zu essen und trinken mitgenommen, was er in den Wanderpausen als Vesper – auf einer stillen Bank mit Blick in die Rheinebene und auf den Odenwald hinüber oder in die lang gezogenen, lieblichen Täler dieses großen Waldgebietes – verzehren kann. Da es ihm inzwischen finanziell besser geht, steuert er jedoch in der Mittagspause eine der Wanderhütten an, die hier überall zu finden sind. Sie werden von Vereinen der Umgebung oder vom Pfälzer

Waldverein bewirtschaftet. Hier gibt es deftige Hausmannskost. Von Suppen über Leberknödel, Saumagen (das sogenannte Kanzlersteak, Bundeskanzler Kohls Leibspeise) bis hin zu hausgemachtem Kuchen. Auch sind die Pfälzer gesellige Leute. Man kommt schnell ins Gespräch und erfährt mitunter gute Wandertipps, die auf keiner Karte verzeichnet sind. Dann geht man noch ein Stück gemeinsam des Weges. Der Herbst ist hier besonders schön. Prachtvoll haben sich die Laubbäume verfärbt. In allen erdenklichen Farben schimmern und leuchten die bewaldeten Hänge der vielen kleinen Nebentäler in der milden Herbstsonne. Darüber der azurblaue Himmel. Bernd sitzt auf einer Bank, ganz oben auf einer der vielen Erhebungen. Sein Blick schweift hinunter ins Tal. Ab und zu kann man einige Asphaltstücke der Bundesstraße 10 erkennen, eine wichtige Verbindungsstraße zwischen Vorder- und Westpfalz. Kurvenreich schlängelt sie sich im Tal hinauf, von Landau kommend, bis Pirmasens. An den gegenüberliegenden Hängen kann man schon an einigen Stellen rote Felsmassive sehen. Dort beginnt das Gebiet aus rotem Sandstein, welches sich bis Dahn hinzieht. Das erinnert Bernd an die heimatliche Sächsische Schweiz, ein Felsengebiet südlich von Dresden. Hier wie dort kann man Kletterer bei ihrem abenteuerlichen Sport beobachten. In Richtung Süden, wo sich die französische Grenze vermuten lässt, reihen sich Bergkuppe an Bergkuppe, ähnlich wie Meereswogen, aneinander. Flach steht schon die Sonne über den Wipfeln und das Tal unten liegt bereits im Schatten. Lange lässt Bernd dieses Bild auf sich einwirken. Es ist einfach herrlich hier! Er sitzt zurückgelehnt, den linken Arm auf seinen Rucksack gestützt da. Hier oben ist es angenehm still. Nur ab und zu hört man ein Blatt herabschweben, das sich von den Baumkronen gelöst hat und nun in taumelndem Flug dem Waldboden zustrebt, wo es dann auf die vielen bereits vorhandenen Blätter stößt. Laut ist der Aufprall weithin zu hören. Erst als die Sonne hinter den Bergen zur Ruhe geht, rüstet Bernd zum Aufbruch. Er weiß, es ist keine gute Zeit, um nach Hause zu fahren. Überall kehren jetzt die Ausflügler zu ihren Autos auf den Parkplätzen zurück und es beginnt ein einziges Chaos auf den Straßen, weil nun alles in Richtung Karlsruhe, Mannheim und Ludwigshafen zurückstrebt. Dennoch bewegt ihn eine innere Unruhe, früher als eigentlich geplant nach Hause zu fahren.

Schon als er sein Auto abstellt, kann er etwas in seinem Briefkasten erkennen. Von einem unguten Gefühl getrieben beschleunigt er seine Schritte. Es ist ein Telegramm von Mutter. Das kann nichts Gutes sein! Ab und zu schreibt sie mal, macht sich Sorgen um ihn. Aber gleich ein Telegramm? Mit zitternden Händen reißt er es an Ort und Stelle auf. Fast zerreißt er es völlig, so aufgeregt ist er. Endlich kann er die wenigen Zeilen überfliegen. „Vater verstorben. Versuche Einreise zu bekommen. Mutter." Langsam lässt er das Papier sinken. Er starrt zwar immer noch darauf, doch Buchstaben kann er keine mehr erkennen. Das kann doch nicht wahr sein! Er macht kehrt und läuft hinüber zu den Weinfeldern. Dort rennt er regelrecht die Feldwege ab. Hinauf in seine Wohnung kann er jetzt nicht. Es würde ihn erdrücken. Warum nur, warum? Ist es seine Schuld? Waren die Aufregungen, die er seinem Vater bereitet hat, zu groß? Oder hatte es eine andere Ursache? Hätte er Mutter doch nur seine Telefonnummer schon zugeschickt! Seit einiger Zeit besitzt er doch ein Telefon! Er muss unbedingt versuchen, heute zu Hause anzurufen! Mehrmals hatte er es ja schon versucht. Doch jedes Mal wurde die Verbindung noch vor dem Abheben unterbrochen. Bernd weiß, dass die Stasi grundsätzlich jedes Gespräch abhört. Doch heute muss er unbedingt eine Verbindung bekommen! Zunächst hat er aber noch ein Stück zu gehen, damit er sich wenigstens etwas beruhigt.

Oben in seiner Wohnung angekommen, versucht er nun, eine Verbindung zu bekommen. Endlich, nach fast zwei Stunden, ist es gelungen. Als das Telefon rappelt, schrickt Bernd zusammen, obwohl er ja die ganze, lange Zeit nur darauf gewartet hat. Hastig nimmt er den Hörer ab. „Ja, hier Bernd Schulze", flüstert er fast. „Ja, Bernd, hier spricht deine Mutter. Hast du mein Telegramm erhalten?" „Als ich nach Hause gekommen bin, lag es im Briefkasten." „Gestern Morgen hat er einen Herzinfarkt bekommen. Er wurde sofort ins Krankenhaus gebracht, doch sie konnten ihm nicht mehr helfen." Ihre Stimme klingt sehr gefasst. „Er muss früher schon zwei Infarkte gehabt haben, hat man festgestellt. Das viele Rauchen und zu wenig Bewegung, hat der Arzt gesagt. Bernd, da ich dich genau kenne, weiß ich, du machst dir Vorwürfe. Doch früher oder später wäre es auch so dazu gekommen. Nimm es dir bitte nicht so sehr zu Herzen, jetzt habe ich doch nur noch dich. Wir müssen nun versuchen, eine Einreise für dich zu bekommen. Ich brauche die Bestätigung vom Amt, dass du dort gemeldet bist. Schicke sie mir umgehend zu. Von deinem Chef wirst du sicherlich freibekommen." „Ja, das dürfte kein Problem werden. Wann soll denn die Beerdigung stattfinden?" Plötzlich ein Rauschen im Hörer. Ach, die liebe Stasi hat uns wohl nicht mehr Zeit gegönnt! Wut steigt in Bernd auf! Nicht einmal in einem so dringenden Fall können sie es lassen! Er weiß, es hat keinen Zweck, es erneut zu versuchen. Morgen wird er gleich mit seinem Chef reden.

Wortlos, nachdem er aber wie immer freundlich „Guten Morgen" gesagt hat, überreicht Bernd dem Chef das Telegramm von Mutter. Ein Weilchen dreht dieser das Papier in den Händen. „Selbstverständlich sind Sie beurlaubt, bis alles abgeklärt ist. Fahren Sie am besten um neun Uhr gleich zur Kreisverwaltung und besorgen Sie sich die benötigten Unterlagen. Danach wäre es mir aber recht, wenn Sie vorerst, bis sie rüberfahren, arbeiten könnten. Wir stecken bis über die Ohren in Aufträgen."

„Natürlich, Herr Höppner, ich würde es zu Hause ja doch nicht aushalten. Die Arbeit lenkt mich wenigstens etwas ab." „Genau das habe ich auch gedacht." Freundschaftlich streicht er Bernd über die Schulter. „Danke", stammelt Bernd nur. „Ist schon gut, mein Junge", sagt der Chef väterlich.

Nach zwei Stunden ist Bernd schon wieder im Betrieb. Problemlos hat er die benötigten Unterlagen bekommen und auch schon abgeschickt. Nun will er sich zunächst wieder in die Arbeit stürzen.

Seine Kollegen wissen bereits alles. Doch keiner stellt dumme Fragen. Er wird behandelt wie immer und das tut Bernd gut.

Als Bernd nach vier Tagen abends mit dem Transporter auf den Hof fährt, steht Frau Höppner schon an der Haustür. Gerade als er den Wagen abschließt, ruft sie herüber: „Herr Schulze, Sie sollen heute Abend unbedingt Ihre Mutter anrufen. Ich weiß nicht, worum es konkret geht, aber es muss sehr wichtig sein. Sie hat heute hier angerufen." „Danke, Frau Höppner, ich werde es sofort versuchen, sobald ich nach Hause komme."

Wieder beginnt die quälende Warterei am Telefon. Bernd wagt sich nicht unter die Dusche aus Angst, das Gespräch zu verpassen. Es ist bereits 23 Uhr und noch immer keine Verbindung. Obwohl er innerlich aufgewühlt ist, wäre er einige Male schon fast eingeschlafen. Unruhig geht er im Zimmer auf und ab. Er nimmt das große Alpenbuch vom Regal und blättert darin. Sobald er kann, will er dieses herrliche Gebirge bereisen. Wenn es ihm finanziell besser geht, vielleicht im nächsten Sommer. Zum Lesen kann er sich nicht genug konzentrieren. Er schaut sich nur immer wieder die herrlichen Landschaftsaufnahmen an. Ja, dabei kann man ins Schwärmen geraten. Wie schön ist doch diese Welt! Ein Uhr 30 klingelt endlich der Apparat. „Ja, Schulze?" Obwohl es ja nur Mutter sein kann, meldet sich Bernd ganz korrekt. Schon bei den ersten Worten merkt er, dass sie völlig aufgelöst ist. „Bernd, hier ist Mutter. Stell dir vor, sie haben deine Einreise abgelehnt. Das kann ich einfach nicht begreifen." Ein Schluchzen ist zu hören. Einen Augenblick braucht Bernd, um das eben Gehörte zu verarbeiten und die Fassung wiederzubekommen. „So ist das nun mal in der humanen Gesellschaft. Nicht einmal meinem Vater darf ich die letzte Ehre erweisen. Ich habe es fast geahnt!" Wütend stößt er die Worte heraus. „Ich habe alles versucht, doch sie haben nur gesagt, wenn du dageblieben wärst, gäbe es dieses Problem nicht. Es wäre einzig und allein deine Schuld …" Ein Krachen in der Leitung, die Verbindung ist unterbrochen. „Ihr Schweine, habt ihr alle menschlichen Gefühle verloren?!", schreit Bernd in den Hörer, obwohl er weiß, dass ihn niemand mehr hört. Fein haben sie das wieder gemacht, denkt Bernd. Sie haben Mutter genau das sagen lassen, was Bernd erfahren sollte, dann haben sie abgebrochen. Auf ihre Art sind sie schon Experten. Vielleicht ist es besser so. Ich muss erst Abstand gewinnen. Viele Menschen werden zur Beerdigung kommen, vor allem große Bonzen von der Partei. Es hätte gewaltige Spannungen gegeben. Mutter wäre hin und her gerissen worden zwischen der Liebe zu ihrem Sohn und der Treue zum Sozialismus. Tief atmet Bernd durch. Es ist besser so. Irgendwann einmal wird er das Grab seines Vaters besuchen können. Allein, ohne dumm blickendes Publikum. Dann kann er auf seine Weise von seinem Vater Abschied nehmen.

Eine Woche später kommt ein Brief von Mutter, in dem sie alles genau schildert. Es war genauso, wie Bernd angenommen hatte.

Auf Anraten seines neuen Chefs hat Bernd eine Meisterlehre an der Abendschule begonnen. Das Verhältnis zwischen ihm und dem Chef ist schon bald so wie mit dem alten Jakop. Als die ersten warmen Tage im Frühling gekommen waren, hatte er Bernd zum Grillfest eingeladen. Seit dieser Zeit sind sie per Du. Bernd respektiert jedoch das Verhältnis Chef/Arbeitnehmer nach wie vor. Der Chef hat den Vorschlag gemacht, Bernd solle später einmal die Firma übernehmen. Wie genau, das solle später einmal entschieden werden. Auf alle Fälle schwitzt Bernd jetzt zwei Mal in der Woche in der Abendschule. Martin Höppner steht ihm bei allem mit Rat und Tat zur Seite. Er hat sich auch um einen günstigen Kredit zur Finanzierung des Lehrgangs für Bernd bemüht. Die Arbeit in der Firma macht ihm viel Spaß. Er ist mittlerweile so perfekt, dass er selbstständig arbeiten, Leute einweisen und führen kann. Außerdem ist er vom Chef aus berechtigt, Aufträge anzunehmen, Angebote für Kunden zu erstellen und Preisverhandlungen zu führen. Wenn ihn nur nicht ab und zu das Heimweh so plagen würde! Sonst fühlt er sich verdammt wohl.

Zwei Jahre sind ins Land gegangen. Bernd hat seine Meisterprüfung mit „sehr gut" bestanden. Das wurde in der Firma in Form eines Grillfestes gehörig gefeiert. Der Chef hat ihm auch eine Lohnerhöhung zugesagt. Parallel zum Lehrgang hat Bernd sein Darlehen dafür abgezahlt. Es war nicht immer leicht für ihn, doch er hat auf vieles verzichtet und es so geschafft. Nun ist er schuldenfrei und kann besser planen. Im Herbst möchte er unbedingt in die Alpen fahren. Zwei Jahre hat er keinen Urlaub mehr gemacht. Es ging einfach nicht. Doch nun will er den Watzmann unbedingt mit eigenen Augen sehen. Bald ist es so weit – Bernd kann es kaum erwarten.

Der Tag der Reise ist gekommen. Ohne seinen Wecker zu benötigen, war er um vier Uhr wach geworden. Schnell waren seine Sachen im Auto verstaut. Ein Paar neue Wanderschuhe hatte er sich auch zugelegt. Ein Arbeitskollege fährt jedes Jahr nach Bad Reichenhall. Dort hat er schon jahrelang ein günstiges Quartier, das er jetzt für Bernd festgemacht hatte. Auch hat er ihm einige gute Wandertipps gegeben. Bernd ist über Stuttgart nach München gefahren. Durch die Stadt hat er nur eine halbe Stunde gebraucht. Es ist Sonntag und so früh am Morgen herrschte noch wenig Verkehr. Jetzt, auf der Autobahn in Richtung Salzburg, ist es schon belebter. Nutzen doch viele diesen herrlichen Spätsommertag für einen Ausflug in die Berge. Vor wenigen Minuten ist die Sonne aufgegangen und es verspricht, wieder ein wunderbarer Tag zu werden. Bernd fühlt sich unsagbar frei – wie schon lange nicht mehr. Gerade hat er den Wald verlassen und nähert sich der Raststätte Holzkirchen. Plötzlich zuckt er zusammen, kann seinen Augen kaum trauen! Genau vor seiner Motorhaube tauchen am Horizont die ersten Berge der Alpen auf. Noch ein wenig in Nebel gehüllt, doch die Gipfel leuchten schon in der Morgensonne. Bernd weiß ja, es sind erst die Vorboten. Doch das Bild ist so beeindruckend, dass Bernd automatisch den Fuß vom Gas nimmt. Schon geht ein Hupkonzert hinter ihm los. Bernd wechselt die Fahrspur. Ein Opel kommt vorbei. Der Fahrer zeigt ihm den Vogel. Bernd hebt nur schuldbewusst die Schultern. Mit einem giftigen Seitenblick rauscht der Wagen davon. Aha, ein Berliner. Bernd muss schmunzeln. Die waren auch im Osten die Größten. Obwohl Bernd noch nie hier war, kennt er die Gegend ganz genau. Immer und immer wieder hat er die Karte studiert, schon in der DDR. Er weiß nun zur Rechten den Wendelstein. Vor ihm spiegelt sich die Wasserfläche des bayerischen Meeres, des Chiemsees. Nun wird es nicht mehr lange dauern und er muss die Autobahn verlassen. Bernd fährt längst nicht mehr so schnell. Er genießt den Ausblick auf die Umgebung und die Bauernhöfe, lieblich in die satten Weiden gebettet. Alle großen Balkone sind mit Geranien fast überfüllt. Auf den Weiden grasen friedlich die rotbunten Kühe. Zur Rechten begleiten ihn die Berge, im unteren Teil bedeckt mit Weiden und Wald, zu den Gipfeln hin in Fels übergehend. Die, die nicht ganz so hoch sind, sind völlig mit Wald überzogen. Nun taucht ein lang gezogenes, gewaltiges Felsmassiv auf. Das müssen Zwiesel und Hochstaufen sein. Dahinter muss er abbiegen.

Ohne jemanden fragen zu müssen, hat Bernd seine Unterkunft gefunden. Eine Frau, der Schilderung seines Arbeitskollegen zufolge die Vermieterin, ist gerade mit Blumengießen beschäftigt. Bernd fährt auf den Hof und stellt den Wagen ab. „Grüß Gott, Sie sind bestimmt Herr Schulze", begrüßt sie ihn freundlich. „Ja, mein Kollege hat mich bei ihnen angemeldet", erwidert Bernd froh gelaunt beim Anblick des Anwesens. „Ja, der Herr Jungnickel, des is a ganz Narrischer. Kommt jedes Jahr und kraxelt auf die höchsten Berge. Kommens, ich zeig' Ihnen Ihr Zimmer." Mit diesen Worten geht sie dem Haus zu.

Bernd will am Nachmittag noch ein wenig die Gegend inspizieren. Deshalb ist er von Bad Reichenhall in Richtung Berchtesgaden gefahren, dann die große Steigung hinauf zum Hochschwarzeck. Nun sitzt er auf einer Bank und schaut sich um. Es ist wie im Märchen. Er kann es kaum fassen. Und ihm ist es vergönnt, das alles mit eigenen Augen zu sehen! Unten im Tal liegt Ramsau. Darüber erhebt sich das Bergmassiv des Hochkalters. Rechts dahinter, noch verdeckt durch den Wald, der klare Hintersee. Rechts davon die Reiteralpe. Die Nachmittagssonne strahlt ins Tal hinein und so sieht alles eher aus wie ein von Meisterhand geschaffenes Bühnenbild. Weiter links das Watzmannmassiv, der höchste Gipfel des Naturparks Berchtesgaden. Dort will er hinauf, wenigstens bis zum Hocheck. Mit dem Fernglas kann Bernd die Schutzhütte erkennen. Weiter im Osten dann der hohe Göll. Bernd kann sich nicht sattsehen! Er kann es noch immer nicht begreifen, hier zu sitzen. Jetzt kann er auch den Ausspruch von Ludwig Ganghofer verstehen: „Wen Gott lieb hat, den lässt er fallen in dieses Land!" Warum erlauben es die Kommunisten hinter dem Eisernen Vorhang den Menschen nicht, hierher zu fahren? Viele würden zu Fuß herkommen, wenn sie dürften! Und viele würden auch wieder zurückkehren, wenn sie reisen könnten, wann und wohin sie wollen. Tief schnauft er durch. Schon deshalb war es richtig, dieses Land zu verlassen. Er lehnt sich zurück und genießt es, hier zu sein. Die ganze Woche lang soll so schön bleiben, wenn man dem Wetterbericht glauben kann. Es wird ein herrlicher Urlaub werden.

Mit schwerem Herzen hat Bernd die Heimfahrt angetreten. Auf der langen Autobahnfahrt lässt er die letzte Woche noch einmal Revue passieren. Die Gedanken an die faszinierende Bergwelt lassen ihn nicht los. Das war für ihn der gewaltigste und abenteuerlichste Urlaub! Er hat den nördlichsten Gletscher der Alpen, den Blaueisgletscher, gesehen. Den Watzmann hat er bis zum Hocheck bestiegen. Über den Grat hinüber zur Mittelspitze hat er sich nicht gewagt. Er war ganz allein da oben und die nötige Bergerfahrung fehlt ihm auch. Obwohl es ihn mächtig gejuckt hat, hat doch der Verstand gesiegt. Dafür hat er den herrlichen Ausblick vom Hocheck genossen: Königssee und Obersee aus luftiger Höhe. Hinüber zum Steinernen Meer, dahinter der Alpenhauptkamm. Zum Greifen nah die Watzmannmittelspitze. Rechts davon der Großvenediger! Unten wieder Ramsau. In Richtung Norden das Lattengebirge mit der „schlafenden Hexe". Dahinter das sanft gewellte Alpenvorland. Lange hat er dort oben gesessen und war glücklich mit sich und der Welt. Dass Bergtouren etwas Schönes sind, das hat er ja schon oft gehört. Aber dass es etwas so Überwältigendes ist, das hätte er in seinen kühnsten Träumen sich nicht vorstellen können. Was ist der Mensch doch für ein Nichts gegenüber dieser imposanten, mächtigen Bergwelt! Er hat sich geschworen, jedes Jahr, wenn auch nur für ein paar Tage, hierher zu fahren. Jetzt kann er auch verstehen, dass es Menschen gibt, die ihr Leben aufs Spiel setzen, um den Gipfel zu erreichen. Wen es einmal gepackt hat, den lässt es nie mehr los.

Der Herbst 1989 hat es in sich: Teils mit Freude, teils mit Sorge und Skepsis verfolgt Bernd die Entwicklung in der DDR und den anderen Ostblockstaaten. Die gewaltsame Ausreise aus Ungarn, die Besetzung der Botschaft in Prag und die Montagsdemonstrationen in Leipzig. Wie würde das noch alles enden? Mit ungutem Gefühl denkt Bernd an den 17. Juni 1953. Es wurde ja nie in der DDR darüber gesprochen, sondern totgeschwiegen. Bernd weiß es nur aus den Erzählungen des alten Jakop. Blutig wurde der Aufstand damals niedergeschlagen. Was wird werden, wenn sich die Situation in der DDR weiter zuspitzt? Werden die Russen wieder eingreifen? Einige seiner alten Freunde wird er dann für immer vergessen können. Oder wird es so, wie es der alte Jakop immer prophezeit hat: Jede Diktatur geht einmal zu Ende. Sollte er recht behalten?

9. Oktober 1989: eine machtvolle Demonstration von Tausenden Menschen in Leipzig. Bernd verfolgt das Geschehen im Fernsehen, soweit es geht. Parallel dazu läuft das Radio. „Wir sind das Volk!", wird immer wieder gerufen. Kurt Masur verhindert in Absprache mit der SED-Bezirksleitung blutige Zusammenstöße. Dann die Nacht vom 8. zum 9. November. Bernd sitzt wie immer gebannt vorm Fernseher. Die Lage, vor allem an der Berliner Mauer, spitzt sich zu. Gleich werden russische Panzer um die Ecke preschen, vermutet Bernd. Das werden die sich nicht mehr länger mit ansehen! Und dann geschieht das Unerwartete: Die Mauer fällt!! Die Kontrollposten stehen unschlüssig da, wissen

nicht, wie sie reagieren sollen. Der ungeheure Menschenstrom, durch nichts mehr aufzuhalten, ergießt sich von Ost nach West. Ein wahrer Freudentaumel beginnt. Fremde Menschen liegen sich in den Armen. Bernd sitzt wie versteinert da. Er kann das Geschehen noch immer nicht fassen. Mit Tränen in den Augen und großer Erleichterung schaut er zu, bis in den Morgen hinein.

Am nächsten Abend klingelt das Telefon. „Hallo Bernd, hier ist Mutter." Bernd kann die Aufgewühltheit in ihrer Stimme erkennen. „Du weißt ja sicherlich, die Grenzen sind gefallen. Müllers, du kennst sie doch, aus der Kreisstadt, wollen morgen zu ihrem Sohn nach Nürnberg fahren. Sie könnten mich mitnehmen. Du könntest mich dann in Nürnberg abholen, wenn du möchtest. Am Sonntag um 19 Uhr fahren sie dann wieder zurück. Wäre es dir recht?" „Ob es mir recht ist? Das fragst du noch?", fällt er ihr ins Wort. „Ich würde dich sogar von zu Hause abholen, wenn ich könnte! Ich fahre morgen in aller Frühe nach Nürnberg, wir treffen uns am Hauptbahnhof, da können wir uns nicht verfehlen. Einer wartet auf den anderen. Wann wollt ihr losfahren?" „Sie wollen am liebsten gleich los, wir haben uns jedoch auf zwei Uhr morgens festgelegt." „Ja, das ist gut. Dann habe ich auch noch ein wenig Zeit. Da ihr bestimmt nicht wissen werdet, wie ihr durchkommt, können wir keine konkrete Zeit ausmachen. Wie schon gesagt, warte ich am Haupteingang. Da dürften wir uns auf keinen Fall verpassen." „Bald kann ich dich in meine Arme schließen, mein Junge", schluchzt es am anderen Ende der Leitung. „J…ja, Mutter", sagt Bernd mit trockener Kehle. „Fahrt nicht so spät los, es wird ein großes Gedränge geben." „In einigen Stunden sehen wir uns – bis dann." Mechanisch legt er den Hörer auf. Es ist wie ein Traum, aus dem Bernd Angst hat, aufzuwachen. Plötzlich, über Nacht, ist alles anders geworden. Das große Ziel der DDR-Bevölkerung, das der Reisefreiheit, ist auf einmal wahr geworden. Hoffentlich wird es nicht wieder anders. Den Kommunisten kann man so wenig trauen. Egal, morgen wird seine Mutter kommen. Endlich, nach über drei Jahren, kann er sie wiedersehen! Am liebsten wäre er gleich nach

Nürnberg aufgebrochen. Doch er überlegt die nächsten Schritte. Seinen Chef informieren, eine große Kanne Kaffee kochen und ein Verpflegungspaket richten. Dann noch ein wenig schlafen, wenn er überhaupt kann.

Seit drei Stunden steht Bernd am Haupteingang des Bahnhofs. Er geht auf und ab. Die Fahrt über die Autobahn ging recht zügig. Es gab kaum Verkehr. Einen Parkplatz in der Nähe hat er auch gleich gefunden. Nun wartet und wartet er. Es kann Stunden dauern, das weiß er. Vielleicht kommt sie überhaupt nicht! Die Grenzen könnten wieder geschlossen worden sein. Er hat die ganze Zeit das Autoradio an und nichts Gegenteiliges gehört. Doch wenn man so herumsteht, gehen einem die absurdesten Gedanken durch den Kopf. Die Müllers haben einen Lada. Da dürfte rein technisch auch nichts zu befürchten sein. Diese Autos sind zuverlässig. Es heißt also, warten! Nur keinen Schritt weggehen! Bernd schmerzen schon der Rücken und die Füße. Ab und zu setzt er sich auf eine Bank in der Nähe. Aber so, dass er den Ausgang im Auge behält. Gerade hat er sich wieder einen Augenblick hingesetzt. Er streckt und dehnt seinen müden Rücken. Dann hebt er die Füße hoch und beginnt, mit kreisenden Bewegungen wieder Gefühl zu bekommen. Gelangweilt überfliegen seine Augen die Werbeschilder und Reklamen, die er alle schon auswendig kann. Wieder, wie schon so viele Male, schweift sein Blick zum Ausgang. Allmählich wird er schläfrig. Er hat vergangene Nacht fast nicht geschlafen. Plötzlich zuckt er zusammen! Den Schatten dort, hinter dem Milchglasteil der Tür, den kennt er doch! Er springt auf und eilt zur Tür. Vorsichtig, Zentimeter für Zentimeter, dreht er seinen Kopf nach rechts durch die Tür. Eine Angst in ihm, es könne nicht wahr sein. Doch da steht sie, seine Mutter! Die Haltung nicht mehr so straff wie früher, im Gesicht merklich gealtert, doch sonst die alte. Sie hat ihn noch nicht wahrgenommen. Aufmerksam sucht sie den Bahnhofsvorplatz mit den Augen ab. Bernd macht einen Schritt auf seine Mutter zu. Da fährt sie herum. Sofort hat sie Bernd erkannt. Ein Aufschrei. „Mein Junge!" Mehr bringt sie nicht über die Lippen.

Dann fliegt sie in die ausgebreiteten Arme ihres so heiß geliebten Sohnes. Lange halten sie sich umschlungen, keiner will den Anfang machen, den anderen anzusehen. Nach einiger Zeit, als sich Mutter wieder unter Kontrolle hat, schiebt sie Bernd vorsichtig von sich. „Lass dich ansehen. Schlecht scheint es dir ja nicht zu gehen", versucht sie einen Scherz, um die Situation zu entspannen. „Ja, ich bin zufrieden", sagt Bernd ehrlich. „Weißt du was, hier ist das Gedränge zu groß. Ich habe Kaffee und Frühstück im Auto. Wir fahren auf die Autobahn, Richtung Heilbronn. Dort gibt es gemütliche Parkplätze. Da machen wir in aller Ruhe Frühstückspause, ehe ich dich in mein Reich entführe." „Abgemacht, ich bin schon mächtig gespannt auf deine neue Heimat, von der du mir schon so viel geschrieben hast." Man kann der Mutter ansehen, wie die ungeheure Anspannung allmählich aus ihrem Körper weicht. Mein Gott, was hat diese Frau die letzten Stunden durchgemacht!

Am frühen Nachmittag treffen sie in der Pfalz ein. Mutter Schulze hat, trotz der Anstrengung der letzten Nacht, die Fahrt sichtlich genossen. Sie konnte sich nicht sattsehen an den schmucken Dörfern, die von der Autobahn aus zu bewundern waren. Als dann um Heilbronn herum die ersten Weinberge auftauchten, war sie ganz hin und weg. „Sieh mal, wie schön!", entfuhr es ihr immer wieder. Dass sie jemals den so viel besungenen Rhein sehen würde, konnte sie einfach nicht fassen.

Nun sind sie in Bernds kleiner Wohnung. Stumm steht die Mutter am Fenster und schaut auf die nicht enden wollenden Weinfelder und hinauf zum Haardtgebirge, dem Pfälzer Wald. „Sehr schön ist es hier. Da kann man sich schon wohlfühlen."

„Ja", sagt Bernd, der an ihre Seite getreten ist, „die Pfälzer sind auch ein lustiges, aufgeschlossenes Völkchen, ähnlich wie die Erzgebirgler. Zu feiern verstehen sie auch. Wir werden etwas ruhen und am Abend fahren wir zu einem Weinfest. Ganz in der Nähe ist heute Kerwe." „Was ist Kerwe?", will Mutter wissen. „Das ist so ähnlich wie Jahrmarkt bei uns. Nur feiert hier das ganze Dorf. Jeder Winzerhof hat geöffnet und bietet an, was Küche und Keller hergeben." „Oh ja, das möchte ich kennenlernen", sagt Mutter begeistert.

Obwohl die Wiedersehensfreude groß und das Nervensystem bis aufs Äußerste gereizt gewesen war, konnten beide ein wenig schlafen. Der größte Teil der Spannung ist verflogen. Gemütlich haben sie zusammen Kaffee getrunken. Mutter hatte es sich nicht nehmen lassen, Kuchen mitzubringen. Nun schlendern sie Arm in Arm, fast wie ein verliebtes Pärchen, durch die engen Gassen des kleinen Weindorfes. Sie sind etwas früher hingegangen. Jetzt ist das Gedränge noch nicht so groß und sie können in Ruhe alles betrachten. Es ist schon Spätherbst, eines der letzten Weinfeste in der Gegend. Das Wetter ist für die Jahreszeit recht mild. So wird es am Abend wieder sehr voll werden. Mutter Schulze ist hingerissen. Überall stehen die Höfe offen. Im Hof, in den Scheunen und in schnell eingerichteten, überdachten Sitznischen stehen Tische und Bänke. Alles ist liebevoll geschmückt. Mit künstlichem und natürlichem Weinlaub, Äpfeln und allem, was es im Garten und auf den Feldern so gibt. „Schau mal, was sind denn das für verkrüppelte Äste?", will die Mutter wissen. „Das sind ‚Weinknorze', Stämme von gerodeten Weinfeldern. Die werden auch oft zum Grillen verwendet. Sie liefern eine große Hitze", belehrt Bernd sie. „Dort drüben, siehst du den Hofeingang? Dort gehen wir hin. Da gibt es den besten Saumagen", sagt Bernd schulmeisterlich. „Auch der Wein ist ausgezeichnet."

Verführerisch blinzelt er seiner Mutter zu. Schnell haben sie an einem der Tische Platz gefunden. Zwei Personen kommen schneller unter als eine größere Personenzahl. Die müssen dann oft getrennt sitzen. Auf jedem Tisch liegen die Speisekarten bereit. Bernd, der ja der Gastgeber ist, beginnt, sie zu studieren. „Ich würde vorschlagen, wir essen einen Winzerteller. Da ist von allem etwas dabei: Leberknödel, Bratwurst, Sauerkraut und Saumagen." „Was ist eigentlich Saumagen?", will die Mutter wissen. „Es ist des Bundeskanzlers Lieblingsspeise. Der wohnt ja nicht weit von hier, in Oggersheim. Saumagen ist ein gefüllter Magen der Sau, der Wutz, wie die Pfälzer sagen. Mit Leber, Kartoffeln, Gewürzen und so. Wirst schon sehen." „Gut, was dem Kanzler schmeckt, kann uns ja auch nicht schaden", scherzt sie froh gelaunt. „Was möchtest du trinken?", fragt Bernd. „Ich trinke eine Weinschorle von einem halbtrockenen Riesling." Bernd fährt sich in Vorfreude mit der Zunge über die Lippen. „Trocken ist doch sauer?", will Mutter wissen. „Ja, so kann man es auch ausdrücken", sagt Bernd fachmännisch. „Ich möchte einen süßen oder lieblichen Wein", sagt die Mutter. „Ja, sehr gut. Du lernst schnell, aber als Lehrerin ist das ja auch kein Wunder." Schlagartig wird Mutter ernst. „Was soll jetzt mit mir werden? Es wird jetzt sicherlich alles anders werden. Ob sie mich als Lehrerin weiter beschäftigen?"

Traurig lässt die Mutter den Blick auf den Tisch sinken. „Ich habe gelernt, irgendwie geht es immer weiter. Mal gut, mal schlechter, aber es geht eben weiter. Lass den Kopf nicht hängen." Liebevoll hat er die Hände seiner Mutter in die seinen genommen. Er schaut ihr ins Gesicht. Sie ist in den letzten Jahren sehr gealtert, muss er jetzt erschreckt feststellen. In ihrem Gesicht kann man lesen, dass sie viel in den letzten Jahren durchmachen musste. Und schuldlos daran bin ich gewiss auch nicht, schießt es Bernd durch den Kopf. „Lass uns heute nicht darüber sprechen. Wir wollen die Stunden genießen", lenkt die Mutter weich ein. Wie gut sie ihren Sohn doch kennt! „Ja, du hast recht", erwidert Bernd und gibt die Bestellung auf.

Nun sind sie schon wieder auf der Autobahn in Richtung Nürnberg. Bernd hatte vorsichtshalber seinen Chef angerufen. Wenn es in Nürnberg mit dem Weiterfahren nicht klappen sollte, müsste er Mutter bis an die Grenze bringen. Der Chef war hell begeistert. Sofort hat er Bernd und Mutter zum Essen eingeladen. So sind sie am Morgen nach Bad Dürkheim gefahren, haben einen schönen Stadtbummel gemacht. Danach sind sie zu Höppners zum Essen gegangen. Frau Höppner hat sich an Essen und Liebenswürdigkeit fast selbst übertroffen. Eine Weile haben sie sich noch unterhalten. Sie wollten ja wissen, wie das mit der ganzen Grenzöffnung so in der DDR vor sich gegangen war und was die Menschen dabei empfunden hatten. Danach sind sie noch hinauf zur Kalmit gefahren, eine der höchsten Erhebungen des Pfälzer Waldes. Man hat von dort einen herrlichen Ausblick auf die Rheinebene und hinüber zum Odenwald.

Nun kommt Nürnberg immer näher. Die Stimmung wird irgendwie gedrückter. Bald heißt es, wieder Abschied nehmen. Für wie lange? Als hätte die Mutter Bernds Gedanken erraten, sagt sie: „Dann wirst du Weihnachten sicherlich nach Hause kommen können." Bernd schrickt zusammen. So weit hat er überhaupt noch nicht gedacht. „Meinst du? Man wird mir doch die Republikflucht anhängen", sagt Bernd zögernd. „Ich glaube nicht, dass man die Grenzöffnung wieder rückgängig machen kann, aber ich rechne bei denen noch mit so manchem. Was sagen die Siegermächte des Zweiten Weltkriegs dazu? Die haben doch immer noch Angst vor einem einigen, starken Deutschland." „Ja, gewiss", entgegnet Mutter, „doch die Reisefreiheit werden sie uns nie mehr nehmen können. Da bin ich mir sicher." „Wir haben zwischen Weihnachten und Anfang Januar die Firma zu. Eigentlich wollte ich in die Alpen fahren, aber die Heimat geht natürlich vor. Obwohl es für mich ein dummes Gefühl werden wird. Erst muss aber gewährleistet sein, dass sie mich nicht einsperren." „Das werden sie nicht wagen. Weihnachten gehört doch der Familie. Wir sind doch noch eine Familie, wenn auch nicht mehr so groß." Erst jetzt fällt Bernd auf, dass Mutter die ganze Zeit nie von Vater gesprochen hat. „Natürlich werde ich kommen", sagt Bernd schnell. Über Vater möchte er jetzt nicht reden. Er kann sich nur zu gut vorstellen, wie einsam seine Mutter an dem ersten Weihnachten nach seinem Tod war.

Bernd steuert den Hauptbahnhof von Nürnberg an. „Da drüben ist eine Parklücke!"

Mutter zeigt nach links. Bernd hat den Kloß in ihrer Stimme wahrgenommen. Dieser Scheißabschied wieder! Auch Bernd hasst das Abschiednehmen. Hoffentlich sind die Müllers pünktlich, damit sich die Zeremonie nicht so in die Länge zieht. Aber da – schon beim Einparken hat Bernd den roten Lada mit der bekannten RD-Nummer erkannt. Gott sei Dank, freut sich Bernd. In Fragen Pünktlichkeit kann man sich eben auf die DDR-Bürger verlassen. Das ist einfach so anerzogen. Wenn Bernd nur an seine Meisterschule denkt! Wie viele kamen da zu spät! Der Lehrer hat sich noch dafür entschuldigt, dass er schon angefangen hatte! Wieder andere hatten einfach keinen Bock auf Schule. Das hatte es in der DDR einfach nicht gegeben. Von Weitem winken die Müllers schon. „Na, hat alles geklappt?", plärren sie schon herüber. Bernd hat diese Familie noch nie leiden können. Immer hochnäsig und mit ihrer Westverwandtschaft prahlend. Als sie dann noch den Lada über Genex bekommen hatten, war es ganz aus. „Das ist schon eine ganz andere Welt", strahlen die Müllers. „Das Angebot in den Geschäften, das Niveau in den Gaststätten. Vor allem die Werbung überall!" „Bald wird Ihnen das alles zum Alltag werden und zum Teil auch lästig", antwortet Bernd geringschätzig. „Ja, du lebst ja auch schon Jahre hier. Wir aber haben noch ein großes Nachholbedürfnis", krähen die Müllers wieder. „Sie hätten doch nur den Ausreiseantrag stellen brauchen, dann wären Sie auch schon länger hier im gelobten Land", entgegnet Bernd etwas gereizt. „Du weißt doch genau, bei der Stellung meines Mannes war das unmöglich", zischt die Müllerin beleidigt. „Na ja, hier wird auch nur mit Wasser gekocht und man bekommt nichts geschenkt. Alles muss man sich schwer erarbeiten", entgegnet Bernd und seinem Gesichtsausdruck kann man entnehmen, er meint es so, wie er es gesagt hat. Das hat sogar die Müllerin begriffen. Nichts hasst Bernd mehr als Menschen, die alles nur haben, aber nichts dafür tun wollen. Den Mut, den Ausreiseantrag zu stellen und die damit verbundenen Schwierigkeiten auf sich zu nehmen, haben sie nicht gehabt. Aber jetzt mit beiden Händen nehmen! Nun ist man auf einmal auch der Meinung, es hätte ja so kommen müssen! Bernd glaubt nicht, dass sich die Müllers an irgendeiner Demonstration beteiligt haben. Aber das ist nun auch egal. Schnell sind alle Gepäckstücke im Wagen verstaut. Der Kofferraum ist zwar schon rappelvoll. Bernd kann die

Sachen, die er Mutter mitgibt, aber noch auf dem hinteren Sitz verstauen. Er hat Mutter ein paar Flaschen Wein, einige Kosmetikartikel, Fotos und andere Kleinigkeiten eingepackt. Als der Wagen um die Ecke biegt, winkt Mutter aus dem hinteren Fenster. Sie lächelt Bernd noch einmal zu, doch er weiß, dass sie weint. Ein Weilchen steht Bernd noch an der Straßenecke und blickt dem entschwindenden Wagen nach. War das alles nur ein Traum? Er muss es erst noch verarbeiten. Langsam geht er auf sein Auto zu und beginnt die Rückfahrt in die Pfalz, zu seiner neuen Heimat.

Die Zeit bis Weihnachten ist schnell vergangen. Es hat in der Firma noch viel Arbeit gegeben, weshalb Bernd auch nicht groß zum Nachdenken gekommen ist. Er hat jeden Samstag gearbeitet. Heute, am 23. 12., wird nur noch überall Ordnung gemacht. Danach, am Nachmittag, will Bernd seine erste Reise in seine alte Heimat beginnen. Obwohl er sich riesig freut, hat er doch auch Scheu. Was werden Nachbarn und Freunde sagen? Wie werden sie ihn alle anstarren und hinter seinem Rücken tuscheln! Nur gut, es wird schon dunkel sein, wenn er ankommt.

Je näher er der Grenze zwischen den beiden deutschen Staaten kommt, umso nervöser wird er. In den Augen der Grenzbeamten muss er ja ein Verbrecher sein. Es ist bestimmt alles registriert. Er hat illegal die DDR verlassen. Dazu noch Grenzanlagen beschädigt! Das reicht für ein paar Jährchen! Das soll jetzt alles vergessen sein? In Hof kann er schon rechts abbiegen Richtung Dresden, es ist sogar ausgeschildert. Es dämmert bereits. Verschwommen erkennt Bernd die Umrisse der Berge. Es geht über die Saale. Auf einmal Stau voraus. Behutsam bremst Bernd den Wagen ab. Es geht im Schritttempo weiter. Plötzlich wird es Bernd bewusst – er ist kurz vor der Grenze. Ganz vorn kann er schon Uniformen erkennen. Bernd wird es heiß und kalt. Treuherzig schaut er den Beamten an. Es ist ein Mann vom Bundesgrenzschutz. Der winkt ihn nur weiter. Da, die verhasste Uniform der DDR-Grenzer. Wieder setzt Bernd die freundlichste Miene auf. Er traut seinen Augen nicht! Mit einem Lächeln im Gesicht, das überhaupt nicht in Bernds Erinnerung passt, sowie einer einladenden Handbewegung wird er auch hier zur Weiterfahrt ermuntert. Zügig, aber ohne jede Hast, setzt er sein Fahrzeug in Bewegung. Als er circa 100 Meter gefahren ist, blickt er sich nach allen Seiten um. Gleich werden sie hinter den Büschen hervorspringen! Doch nichts dergleichen geschieht. Nein, es ist wahr! Er hat soeben diese verhasste Grenze passiert! Die Grenze, die Adi und ihn fast das Leben gekostet hätte. An der so viele Menschen ihr Leben gelassen haben, nur weil die Sehnsucht nach Freiheit so groß war. Menschen, die nur von Deutschland nach Deutschland wollten. Jetzt ist es so, als wenn man nach Österreich fahre. Allmählich muss er wieder schneller fahren, von hinten wird schon gedrängelt.

Die ganze Strecke bis Zwickau ist die Autobahn, wenn man sie so nennen darf, einspurig. Man muss höllisch aufpassen, denn die fahren wie die Wilden! Manchen kann es nicht schnell genug gehen. Sie scheren hinten aus, nur um sich, kurz bevor der Gegenverkehr heran ist, wieder in die Kolonne hineinzudrücken. Ein paar Mal hätte es fast gekracht! Endlich ist Zwickau erreicht und es geht vierspurig weiter. Die Wilden scheren aus und brausen davon. Jetzt geht es gesitteter zu. Bernd kann nun ab und zu nach rechts oder links schauen. Viel kann man ja nicht sehen, denn die Nacht ist inzwischen hereingebrochen. Bernd fällt aber auf, es ist dunkler, irgendwie unfreundlich. Keine großen Leuchtreklamen. Die Orte trostlos, fast unbeleuchtet. Alles grau in grau. Früher wäre ihm das nicht so aufgefallen. Noch zwei Stunden, dann ist er bei Mutter. Sie wird schon die Minuten zählen.

Bernd und seine Mutter sitzen gemütlich beim Frühstück. „Nur gut, dass mich gestern Abend, als ich gekommen bin, keiner gesehen hat, sonst wüsste es schon das ganze Dorf", sagt Bernd nach einem genussvollen Schluck Kaffee. „Du kannst beruhigt sein", erwidert Mutter, „der Schellenberger hat schon seine Nase über den Zaun gesteckt, es war noch fast dunkel. Sogleich hat er gefragt, wem der Westwagen gehört. Ich habe gesagt, du bist da.

Und …" „Ja, und?", unterbricht Bernd seine Mutter. „Wenn der Schellenberger das weiß, dann weiß es in einer halben Stunde das ganze Dorf." „Genau das wollte ich sagen", lacht die Mutter. Beide brechen in schallendes Gelächter aus. „Es hat sich also diesbezüglich noch nichts im Dorf geändert. Es ist aber überall in den kleinen Dörfern so, ob in Ost oder West." Bernd gießt Kaffee nach. „Wird es dir etwas ausmachen, mich hinunter in den Ort zum Einkaufen zu fahren? Alles konnte ich nicht nach Hause schleppen, ich habe ja kein Auto." „Natürlich, da gibt es doch überhaupt keine Frage", sagt Bernd und es wird ihm erst jetzt richtig klar, wie schwer es Mutter hat, nachdem Vater tot ist. Alles muss sie ja nun aus dem Tal heraufschleppen, da sie nicht Auto fahren kann. Früher wurde sich ins Auto gesetzt und es ging zum Einkaufen, egal wohin und wie weit. „Denkst du an Vater?", fragt Mutter, die das Grübeln auf Bernds Antlitz erkennt. „Wir gehen heute noch auf den Friedhof zu seinem Grab, ja?" Ein sonderbarer Ausdruck ist in ihrem Wesen, als hätte sie Angst gehabt, diese Frage zu stellen. „Ja", sagt Bernd mit fester, ruhiger Stimme, „wir waren oft unterschiedlicher Meinung und ich habe ihm bestimmt viel Kummer bereitet, doch er war immer mein Vater. Ich habe schon ein Gesteck gekauft. Es liegt noch im Auto. Ich wäre heute auf alle Fälle noch auf den Friedhof gegangen, das bin ich ihm doch schuldig." „Du bist eben ein lieber Junge." Zärtlich streichelt sie ihm das Haar. „Gehen wir", sagt Bernd kurz entschlossen.

Als sie an der Kaufhalle gerade vom Auto weggehen wollen, kommt ein Mann auf sie zu. „Hallo Bernd, wie geht es dir?" Bernd schaut auf und will seinen Augen nicht trauen. „Ach, der Jäckel Kurt", entfährt es ihm. „Ja, bist du denn auch einmal da?", frohlockt Kurt. Eilig knöpft er seine Jacke auf. Darunter trägt er ein T-Shirt von irgendeiner Rockgruppe. Stolz reckt er Bernd seinen Bauch entgegen. „Hier", strahlt er, „habe ich von Kulmbach mitgebracht. Habe dort Bekannte besucht." „Ich hatte immer gedacht, ihr großen Genossen hättet euch von eurer Westverwandtschaft losgesagt." Bernd wird trotz der Kühle warm um den

Kopf. „Wir sind doch alle nur mitgeschwommen. Was wollten wir denn machen? In Ungarn haben wir uns doch immer getroffen und nun konnte ich endlich mal rüber. Gleich in der Nacht, als die Grenze aufging – in den Moskwitsch und ab." Er strahlt wie eine Fettbemme. „Hast du dir auch dein Begrüßungsgeld geholt?", fragt Bernd ironisch. „Na klar", strahlt der Blödian wieder, „erst waren wir in Berlin, die Kinder alle mit. Das war vielleicht ein Gerammel! Dann haben wir in Kulmbach noch einmal abgefasst. Wir haben ja 40 Jahre auf alles verzichten müssen. Na, du kennst das ja alles." „Ja, aber von der Seite des Zahlers", gibt Bernd kurz zurück. „Wie meinst du das?", fragt der Idiot wieder. „Denk mal darüber nach, wenn du Zeit hast." Bernd schiebt ihn zur Seite und begibt sich zum Eingang. „Wie verächtlich der von dir gesprochen hat, als du weg warst! Da war kein guter Faden mehr an dir und mich hat er nicht mehr angeschaut, dieser verdammte Wendehals", zischt Mutter empört.

Sie haben den Berg erklommen, an dem der Friedhof liegt. Es ist nur ein kurzer Anstieg, der es aber in sich hat. Der Eingang ist gleich unten am Eck, dann ist der Friedhof terrassenähnlich an den Hang gefügt. „Dort hinten, in der zweiten Reihe", flüstert die Mutter, als hätte sie Angst, sie sei zu laut für diese Stätte. Langsam nähern sie sich dem Grab. Bernd kann schon von Weitem erkennen, es wird liebevoll gepflegt. Andächtig stehen sie davor. So vieles geht Bernd jetzt durch den Kopf. Die Kindheit, die Jugendzeit, die er mit Vater verlebt hat. Es waren viele schöne Stunden dabei. Schade, dass er nicht am Totenbett ein Wort der Versöhnung sagen konnte. Heute würde er Bernd sicherlich verstehen. Bernd rechnete damit, in Tränen auszubrechen. Doch hat die Zeit wahrscheinlich die tiefsten Wunden bereits geheilt. Behutsam legt er das Gesteck nieder. Mutter rückt es noch ein wenig zurecht. Bernd legt den Arm um die Schultern seiner Mutter und sie stehen noch einige Minuten in stillem Gedenken vor dem Grab. Dann verlassen sie den Friedhof. Verstohlen muss sich Bernd nun doch eine Träne aus den Augen wischen.

Die Feiertage sind vorbei. Bernd und seine Mutter waren ganz unter sich. Sie haben in Fotoalben geblättert und Erinnerungen ausgetauscht. Als ein Bild auftaucht, auf dem Bernd fest umschlungen mit Susann zu sehen ist, geht Bernd ein Stich durch das Herz. War das eine schöne Zeit damals! Erst jetzt wird ihm bewusst, wie lange er auf die Liebe und Zärtlichkeit einer Frau verzichtet hat. Es kam da zwar hin und wieder zu Bekanntschaften mit Pfälzer Mädels, die auch manchmal im Bett endeten, doch so wie mit Susann ist es nie wieder gewesen. Ob er sich je wieder so verlieben könnte? „Sie hat den Holger geheiratet", sagt die Mutter leise. Sie weiß, was in ihrem Sohn vorgeht. „Sie haben einen Sohn. Der dürfte jetzt so zwei Jahre alt sein. Was der Holger jetzt macht, weiß keiner. Es wird gemunkelt, er soll ein großer Stasispitzel gewesen sein. Seit einigen Wochen ist er spurlos verschwunden. Ist ihm sicherlich zu heiß unter den Füßen geworden. Einige haben schon Morddrohungen gegen ihn ausgesprochen. Sie wollen nur abwarten, bis sie die Stasiunterlagen einsehen können, dann soll es Holger an den Kragen gehen." Mutter Schulze spricht das alles mit dem Gesicht zum Fenster hin. Sie möchte ihrem Sohn jetzt nicht in die Augen sehen. Wie gern hätte sie damals Susann zur Schwiegertochter gehabt. „Susann ist bei einem Steuerberater im Büro. Man sieht sie selten. Wahrscheinlich schämt sie sich für ihren Mann. Mich jedoch grüßt sie immer freundlich, wenn wir uns begegnen. Im Herzen ist sie gut. Sie ist damals nur von ihrer Mutter verrückt gemacht worden. Sie muss es auch nicht leicht mit dem Holger haben. Immer wieder – Frauengeschichten."

Mutter steht auf und macht sich in der Küche zu schaffen. Bernd betrachtet das Foto noch lange. Er muss an Großvater denken. Der hatte immer gesagt: Was geht das Schicksal doch oft für sonderbare Wege. Wie recht er hatte.

Nach den Feiertagen ist das Wetter besser geworden. War es bisher nasskalt und neblig, so kam in der letzten Nacht Frost. Ein herrlicher Morgen ist die Folge. Bernd beschließt, eine Wanderung zu unternehmen. Er möchte wieder einmal die altvertrauten

Wege gehen, die er als Kind so oft gegangen war. Er geht die Dorfstraße hinauf. Da es noch früh am Morgen ist, begegnet ihm kaum jemand. Doch er weiß genau, was sich hinter den Gardinen abspielt. Es gab früher schon Häuser, da kam man zu keiner Tages- und Nachtzeit ungesehen vorbei. Kurz nach der Kurve, wo früher die Gärtnerei des Gutsbesitzers war, stehen heute schmucke Häuser. Vor einem dieser Häuser spielen Kinder. Bernd kennt sie nicht. Früher hat Bernd jeden gekannt, vom Säugling bis hin zum Großvater. Wie die Zeit doch alles verändert! Dann links, das ehemalige Schloss. Seit den Fünfzigerjahren als Altenheim genutzt. Dahinter die Scheunen und Ställe der LPG, die durch Kinderhand ein Opfer der Flammen wurden. Das war damals ein Spektakel! 25 Meter hoch sind die Flammen geschlagen. Zwölf Feuerwehren waren im Einsatz. Heute erinnern nur noch kahle Flächen und die Umrisse der abgerissenen Grundmauern daran. Hinter dem Schloss biegt Bernd nach links ab, er will hinauf zum Hirschturm.

Jetzt steht er am Waldrand. Von da aus hat der ehemalige Schlossbesitzer seine Hirsche geschossen und von da aus hat man auch einen ausgezeichneten Ausblick auf die Ausläufer des Osterzgebirges, bis nach Dresden hinunter. Bald hat er den Turm erreicht. Als er näher kommt, kann er ein Schild lesen: Naturdenkmal. Es wurde auch Zeit, denkt Bernd. Unten im Schlosspark ist der Turm von dummen Kraftprotzen völlig zerstört worden. Mehrmals hatten Bernd und seine Freunde die Holztreppe erneuert. Doch immer wieder wurde sie herausgerissen, die Mauern und das Dach zerstört. Warum müssen Menschen so sein? Bis auf das Geländer und die fehlende Eisentür ist hier der Hirschturm aber noch in Ordnung. Hinter dem Balkon geht eine Eisenleiter hinauf auf das Aussichtsplateau. Endlich hat Bernd die vereisten Stufen gemeistert. Ach, da rechts steht noch die alte Fichte. Auf dem dicken Ast sind sie immer vom Turm zur Fichte hinübergeklettert. Sein Blick schweift hinunter. Eingebettet im Tal der Roten Weiseritz liegt Schmiedeberg. Man kann von hier aus den Bauverein sehen. Rechts drunten im Tal, von hier aus nicht zu sehen, steht die Gießerei, in der Bernd gearbeitet hat. Sein Blick geht über das wellige Land nach Norden. Dort am Horizont, wo der Rauchpilz vom Kraftwerk Mitte in den frostigen Himmel steigt, liegt die Stadt Dresden. Ist sie doch schön, die alte Heimat. Er hört das Rauschen in den Fichten, das er immer so vermisst hat. Ein kühler Wind kommt vom Kamm des Erzgebirges herunter. Dort oben am Horizont drückt wieder der böhmische Nebel über den Kamm. Langhin verhüllt er die Konturen der Kammwälder. Bernd steigt herab und geht hinunter zur Blockhütte, der ehemaligen Jagdhütte des Schlossherrn. Wie groß doch die Fichten in der Schonung geworden sind! Bernd erinnert sich noch, dass sie, damals noch Kinder, als Treiber bei der Jagd hier das Wild aufgebracht haben. Mit Schneeschuhen. Den einzigen Hasen, der damals erlegt wurde, hätten sie mit dem Skistock erschlagen können, so hatten sie ihn in die Enge getrieben. Ein Schmunzeln huscht über Bernds Gesicht. Ja, hier kennt er alles. Jeden Baum und jeden Weg. Bei dieser Erinnerung überkommt ihn ein merkwürdiges Gefühl. Man könnte es Heimweh nennen. Hinüber zur Eichleite. Man kann die ehemalige Kupfergrube sehen. Ja, das ist die Heimat.

Die Welt ist so groß und schön. Die Pfalz mit ihren Weinfeldern und dem milden Klima. Die Alpen, mit ihren Weiden und Almen, voll von Blumen und Gräsern, und den schneebedeckten Gipfeln – alles wunderschön. Doch Heimat ist dort, wo man geboren und aufgewachsen ist. Wo man die Jugendzeit verbracht und die erste Liebe kennengelernt hat, dort ist die wahre Heimat. Bernd muss tief durchatmen. Was wäre geworden, wenn er hiergeblieben wäre? Was würde er jetzt tun? Wäre er vielleicht nach der Wende in den Westen wie so viele? Er wäre auf alle Fälle um viele Erfahrungen ärmer. Der alte Jakop hat einmal gesagt: Einem jeden ist sein Weg vorbestimmt. Vielleicht ist es wirklich so? Er geht noch einmal hinauf zum Querweg, wo ihm der Wind gehörig um die Ohren pfeift und der Blick wieder weit übers Land geht. Jetzt weiß Bernd, was ihm so gefehlt hat. Wie er den Wind in den Fichten, den kalten Wind über den abgeernteten Feldern und vom Kamm herunter und den weiten Blick über das Land vermisst hat! Er genießt das alles in vollen Zügen. Das hatte ihm die ganze Zeit gefehlt, ohne dass er es gemerkt hatte. Morgen geht es wieder in die Pfalz, seine neue Heimat, die sehr schön, aber auch fremd ist. Langsam schlendert er dem Dorf zu.

Nun hat das neue Jahr begonnen. In der Firma geht wieder alles den gewohnten Trott. „Sag mal, Bernd", meint der Chef, der Bernd beim Ausladen hilft, „stimmt etwas nicht? Seit du zu Hause warst, bist du wie ausgewechselt. Du bist noch stiller geworden." „Nein, nein, es ist alles okay. Es war nur irgendwie aufregend, alles wieder einmal zu sehen. Es berührt einen eben." „Ja, ja, das kann ich schon verstehen." Herr Höppner legt versöhnlich die Hand auf Bernds Schulter. „Mir würde es bestimmt auch so gehen." Er gibt ihm noch einen leichten Klaps auf die Schulter, dann geht er dem Büro zu.

Der Winter hier in der Pfalz beschränkt sich ja meist nur auf ein paar Tage. Eine reichliche Woche ist es so um minus fünf Grad gewesen. Obwohl einige Baustellen in Neubauten waren, konnte jeden Tag gearbeitet werden. Bernd hat es verstanden, die fünf Arbeiter der Firma so einzusetzen, dass sie nie den Unbilden des Winters ausgesetzt waren. Jetzt blühen drüben in Gimmeldingen schon wieder die Mandelbäume. Am vergangenen Sonntag hat Bernd mit Höppners eine Wanderung durch das Blütenmeer unternommen. Am Abend haben sie dann noch gemütlich bei einem Glas Wein zusammengesessen und über Gott und die Welt geplaudert. Als Bernd erwähnte, an den kommenden Osterfeiertagen wieder einmal rüberzufahren, haben sie zugestimmt. Nur solle er bis spätestens Mittwoch wieder da sein. Sie wollten eine Busreise nach Amsterdam unternehmen. Es muss ja immer einer von den Chefs in der Firma sein und Bernd ist schon bald mehr als der eigentliche Chef. Herr Höppner lässt ihm freie Hand. Er kümmert sich mehr um Materialbestellungen und macht kleinere Reparaturen und Wartungsarbeiten. Er weiß, dass er sich blind auf Bernd verlassen kann. Die Firma macht Gewinn. Für so eine kleine Firma kann man zufrieden sein. Man hat sich geeinigt, Bernd solle Mittwoch vor Ostern fahren und den Mittwoch drauf wieder in der Firma sein. Er freut sich schon gewaltig.

Dass Bernd schon so früh vor der Tür steht, das hat Mutter Schulze nicht erwartet. „Ich habe erst heute Mittag mit dir gerechnet", sagt sie, doch man sieht ihr die Freude an. „Ich bin um drei Uhr losgefahren. Ich konnte ja doch kaum schlafen", sagt Bernd und ist froh, endlich da zu sein. „Komm rein, ich mache erst einmal einen Kaffee, du möchtest doch einen?" Ohne Antwort abzuwarten, verschwindet sie in der Küche.

Als sie dann beim Kaffee sitzen, plant Mutter. „Zuerst muss ich einkaufen, dann Mittagessen kochen und Kuchen backen. Wie schaffe ich das nur alles?" Verzweifelt geht ihr Blick zur Zimmerdecke, als ob sie von oben Hilfe bekäme. „Weißt du was", sagt Bernd, „du kümmerst dich um den Haushalt und ich fahre einkaufen." „Wenn du das machen könntest, wäre ich dir sehr dankbar", erwidert die Mutter. „Kein Problem, schreibe alles auf einen Zettel, den Rest mache ich schon."

Bernd schlendert durch die Kaufhalle. Hier sieht es auch schon bald wie im Westen aus. Das ging ja fast über Nacht! Alles, was er schon im Korb hat, streicht er auf dem Zettel durch. Nun sucht er noch Soßenbinder. Aha, der ist sicherlich dort drüben bei den Päckchensuppen, gleich hinter dem großen Stapel mit Suppenbüchsen. Natürlich ist das Gesuchte wieder ganz unten. Bernd bückt sich danach, um aus den verschiedenen Sorten etwas auszuwählen. Plötzlich kommt ein kleiner Junge um die Ecke gesaust. Er muss Bernd völlig übersehen haben! Mit voller Wucht rennt er Bernd in die Seite. Dieser will noch aufstehen, doch er kommt ins Straucheln. Taumelnd versucht er, mit der rechten Hand Halt zu bekommen. Seine Hand fährt in den aufgestapelten Büchsenberg. Mit gewaltigem Gerassel rollen die Büchsen davon. Jetzt hat sich Bernd wieder in der Gewalt und steht aufrecht. Vor ihm, in einem Haufen Büchsen, rappelt sich der kleine Mann wieder hoch. Als er dann da steht, den Kopf schuldbewusst gesenkt, kommen Schreie von hinten aus den Regalen. „Thomas, was hast du schon wieder angestellt?" Eine junge Frau kommt den Gang herauf geeilt. Bernd schaut erschrocken auf. Diese Stimme kennt er doch! Und dann steht sie vor ihm. „Susann", kann Bernd nur flüstern. Sie ist noch schöner geworden. Auch irgendwie fraulicher, reifer. „Du, Bernd?", kommt es von ihren Lippen. Sie schaut ihn erstaunt an, mustert ihn von oben bis unten. Dann schaut sie ihm fest in die Augen. Wehmut liegt in ihrem Blick, aber Bernd kann auch Sehnsucht erkennen. Es läuft ihm heiß und kalt den Rücken rauf und runter. Dieses Feuer in ihren Augen. Dieses ewige Locken des Weibes! Und doch so etwas wie Unschuld im Blick. So hat er sie all die Jahre in Erinnerung gehabt. So, ja, genau so ist sie ihm in seinen Träumen erschienen, in den vielen einsamen Nächten. Susann hat sich als Erste wieder gefangen. „Das ist Thomas. Mein Sohn", sagt sie noch etwas benommen und zeigt auf den kleinen Mann hinunter. Der Kleine krabbelt schnell in die Höhe und verbirgt sich hinter dem Hosenbein von Susann. „Habe schon davon gehört", stammelt Bernd. „Komm, wir wollen die Büchsen wieder aufstellen, es muss doch wieder Ordnung gemacht werden." Bernd bückt sich und beginnt mit dem Aufstapeln. Zaghaft löst sich der Kleine von der Mutter und hilft mit. Auch Susann geht in die Knie und beteiligt sich. Dabei kommen sich beide sehr nahe. Bernd kann sie riechen, den Duft der Verführung. Lächelnd stehen die Verkäuferinnen etwas abseits und schauen zu. Dann beginnen sie zu tuscheln. Wahrscheinlich haben sie Bernd erkannt. „Wir machen das schon", ruft Bernd ihnen zu, „ist ja nichts kaputt gegangen." „Ja, ist schon recht, Bernd", antwortet die ältere der beiden. Dann verlässt er mit Susann gemeinsam die Kaufhalle. Bernd ist immer noch hin- und hergerissen. Er weiß einfach nicht mit der Situation umzugehen. Darum fragt er unverhofft: „Soll ich euch nach Hause fahren?" „Au ja, Auto fahren!", freut sich der Kleine. „Unser Auto hat der Papa mitgenommen. Nun müssen wir immer laufen." Mitleidig schaut Bernd die beiden an. „Wenn du es möchtest – mir wäre es recht. Heute habe ich besonders viel zu schleppen." Wie peinlich Susann die Situation ist, kann man ihr ansehen. Zuerst lädt er das von ihm Gekaufte in den Kofferraum, dann das von Susann. Der Kleine kommt auf die hinteren Sitze, da Bernd keinen Kindersitz hat, obwohl der Knirps am liebsten vorn gesessen hätte. Susann setzt sich neben Bernd, so kann er sie von der Seite betrachten. Als sie ein Stück gefahren sind, fragt er plötzlich: „Wo wohnst du eigentlich, ich fahre einfach so los." „Oben auf dem Bauverein. Ich habe eine kleine Wohnung genommen, die andere war für uns zwei zu groß. Habe zu tun, um über die Runden zu kommen. So üppig sind die Löhne hier im Osten nicht. Aber ich langweile dich sicherlich mit meinem Geschwätz. Da vorn links hinauf, dann das vierte Haus."

Als sie dann ausgeladen haben, stehen sie sich unschlüssig gegenüber. Der Junge blickt von einem zum anderen. „Wenn du möchtest, kannst du ja mal vorbeikommen", sagt Susann leise. „Gut, ich rufe dich an", erwidert Bernd unsicher. „Telefon gibt es hier noch nicht", meint Susann bedauernd. „Ach ja, stimmt", Bernd ist es gewohnt, dass jeder ein Telefon hat. „Ich bin abends immer zu Hause. Wo sollte ich auch schon hingehen?" Susann hebt fast entschuldigend die Arme. „Ich komme bestimmt. Sagen wir am Montagabend?" fragt Bernd mit einem Beben in der Stimme. „Ich warte auf dich. Wir haben uns viel zu erzählen." Sie reichen sich die Hände. Der Junge ist längst im Haus verschwunden.

Als Bernd den Berg hinunter in den Ort fährt, schaut er noch einmal hinauf. Welcher Teufel hat ihn nur geritten, zu dieser Frau zu gehen? Eine, die ihn so jämmerlich hintergangen hat und die ein Kind von seinem ärgsten Feind hat, dem Stasispitzel Holger! Was geht ihn das alles noch an? Doch er spürt, es kommt von innen! Im tiefsten Winkel seines Herzens hat er nie aufgehört, diese Frau zu lieben. Er wird sie besuchen, auch wenn er dabei ein dummes Gefühl haben wird. Er weiß, er wird gehen.

Bernd ist wieder und wieder die alten Wege gegangen, die er als Kind so gern gelaufen ist. Fast den ganzen Tag war er unterwegs. Viele Kindheitserinnerungen sind wach geworden. Dort – die alte Fichte am Waldrand, wo sie als Kinder bis in den Gipfel geklettert sind. Da – der Felsen im Wald, wo sie die ersten Kletterübungen gemacht haben und mächtig stolz auf ihren Mut waren. Der schmale Weg durch die Schonung, wo sie mit den Fahrrädern Geländerennen durchgeführt haben. In der Spitzkehre ging es dann öfter gerade weiter in die damals noch niedrigen Fichten hinein, weil sie zu schnell unterwegs gewesen waren. Dass da keine größeren Unfälle passiert sind, grenzt an ein Wunder! Wo ist nur die Zeit geblieben?

Mutter schaut ihn von der Seite an, als er am Abend nach Hause kommt. „Was hast du nur den ganzen Nachmittag gemacht?", fragt sie. „Ich hatte gedacht, wir könnten noch ein Stück ausfahren. Hinauf zum Erzgebirgskamm. Ich komme sonst kaum raus, habe ja kein Auto." Bernd schaut sie verlegen an. Diesen Ton kennt er doch! Bestimmt ist der Dorfklatsch schon bis zu ihr vorgedrungen, noch ehe Bernd Susann an ihrer Wohnung abgeladen hatte! Es wird wie ein Lauffeuer durch den Ort gegangen sein – der Schulze Bernd geht wieder mit der Susann! Vielleicht ist es gut so, denkt Bernd, bleibt ihm doch eine zusammengestammelte Rede vor der Mutter erspart. Er weiß genau, er kann Mutter nicht belügen. Sie kennt seine Gedanken schon im Voraus. So entscheidet er sich zur Flucht nach vorn. „Mutter, setzen wir uns in die Küche, da können wir besser reden." „Ich weiß", sagt sie nur. „Weißt du", beginnt Bernd zaghaft, „als ich einkaufen war, habe ich Susann getroffen und sie mit den schweren Taschen nach Hause gefahren." „Die Spatzen haben es schon von den Dächern gepfiffen." Mutter Schulze legt sich vielsagend zurück. „Nun brauchst du meinen Rat, wie du dich verhalten sollst. Du liebst sie noch immer?" „Eigentlich schon." Nun wittert Mutter Morgenluft. Wenn er sie wirklich liebt, wird er zu ihr ziehen wollen. Vielleicht kommt er sogar zurück! So kann sie ihr ersehntes Ziel erreichen, den Jungen zurückzuholen. Wie oft hat sie mit dem Gedanken gespielt. Sie hat schon Pläne geschmiedet, doch an diese Lösung der Dinge hatte sie nicht gedacht. Nur ganz behutsam. Ja nicht die eigenen Gefühle verraten. „Was gedenkst du zu tun?", fragt sie wie gelangweilt. „Sie hat mich für Montagabend zu sich eingeladen." Eine Zeit lang herrscht Schweigen. „Du musst wissen, was du machst, bist ja alt genug. Ich habe den Eindruck bekommen, sie hat gleich nach eurer Trennung bereut, sich mit dem Holger eingelassen zu haben. Ich habe sie mehrmals gesprochen. Durch die Blume hat sie es anklingen lassen. Als du damals weg warst, ist für sie eine Welt zusammengebrochen. Völlig aufgelöst ist sie damals hierhergekommen. Immer wieder hat sie gefragt, ob du am Leben bist und dir nichts geschehen ist. Als dann der erste Brief von dir kam, habe ich ihn ihr zum Lesen gegeben. Gott sei Dank, es geht ihm gut, hat sie gesagt. Ich glaube, die Heirat mit Holger war dann nur eine Flucht vor der Vergangenheit für sie." In aller Ruhe und Deutlichkeit, als würde sie vor ihrer Klasse stehen, hat sie das vorgetragen. Doch Bernd erkennt, ihr wäre eine Beziehung zwischen ihm und Susann mehr als recht. „Ich fahre also hin." Mehr sagt er nicht. Er steht auf und geht hinauf in sein Zimmer. Mutter weiß, jetzt ja nicht hineinreden! Er braucht jetzt Zeit. „Um 18 Uhr ist Abendessen", ruft sie ihm noch nach. „Ist in Ordnung", ertönt es von der Treppe.

Obwohl Bernd es albern findet, hat er Susann einen Blumenstrauß gekauft. Auch deshalb hat er die Dunkelheit abgewartet, um zu ihr zu fahren. Die letzten Stunden wollten einfach nicht vergehen! Doch nun steht er vor der Tür und sucht den Klingelknopf. Fast liebevoll drückt er darauf, obwohl ihm der Name absolut nicht gefällt! Bernd wartet auf den Summer. Als er Schritte im Treppenhaus hört, fällt ihm ein, hier gibt es so etwas noch nicht. Die Schritte nähern sich flink und das Herz von Bernd fängt an, schneller zu schlagen. Der Schlüssel dreht sich im Schloss, die Tür öffnet sich und sie steht vor ihm. Lange hat er mit sich gerungen, zu ihr zu gehen, doch die Sehnsucht nach ihr hat so entschieden. Er weiß nicht, ob es richtig ist, doch er kann sich nicht dagegen wehren. Nun steht sie vor ihm. Sie hat sich schön zurechtgemacht. Das lange Haar hängt auf einer Seite herab, auf der anderen ist es etwas hochgesteckt. Ein wenig Rouge hat sie aufgetragen, nicht aufdringlich. Der Blick wie von einem Reh. „Schön, dass du gekommen bist", sagt sie leise. Ihr Blick verrät, wie sehr auch sie gebangt hat, ob Bernd wirklich kommt. Etwas ungeschickt überreicht er den Blumenstrauß. „Komm", sagt sie nur.

Es ist spät geworden. Die Kuckucksuhr an der Wand, die sie von einer Busfahrt in den Schwarzwald mitgebracht hat, zeigt schon weit nach Mitternacht. Obwohl der Junge längst schläft, sind sie sich nicht näher gekommen. Beide fühlen es. Am liebsten hätten sie sich in die Arme genommen. Doch irgendwie steht eine Mauer zwischen ihnen. Schonungslos, ganz offen und ehrlich, hat Susann die letzten Jahre geschildert. Sie hat sogar gesagt, sie hätte sich eingebildet, Holger einmal geliebt zu haben. Doch schnell war diese Liebe verflogen. Sie hatte von anderen Mitarbeitern im Betrieb erfahren, wie es Holger auf den Lehrgängen mit anderen Frauen getrieben hat. Er war sogar so schamlos, eine dieser Liebschaften zum Grillfest einzuladen, wobei Susann diese dann bedienen musste. Bald hat sie auch mitbekommen, wie er andere bespitzelte. Verschiedene Notizen, hurtig auf Zettel geschrieben, hatte sie in seinen Anzügen gefunden. Auch sie war damals vom Sieg des Sozialismus überzeugt, doch andere Menschen zu bespitzeln, das war auch für sie das Letzte! Sie war gewohnt, ihre Meinung offen auszusprechen. Erst jetzt, nach der Wende, hat sie erfahren müssen, wie sie alle kontrolliert und überwacht worden sind. Jetzt hat auch sie eine andere Meinung, obwohl sie einschränkt, vieles sei in der DDR auch besser gewesen als heute. Das letzte Jahr haben sie nicht mehr miteinander geschlafen. Als dann die Wende kam, war er wie ausgewechselt. Es musste ja so kommen. Dann wollte er unbedingt in die Nähe von Hamburg ziehen. Auf einmal hatte er es sehr eilig, hier wegzukommen. Arbeit und Wohnung waren sofort da. Ob da nicht noch die Stasi ihre Finger im Spiel hatte? Als sie ihm sagte, sie bleibe hier, hat er nur gelächelt. „Dann bleibst du eben, ich jedenfalls gehe und werde mir eine neue Existenz aufbauen." Ganz schnell war er dann weg. Die Scheidung ging auch ziemlich schnell über die Bühne. „So, nun weißt du alles von mir", sagt Susann nach ihrer Schilderung der letzten Jahre. „Nun erzähle mal von dir. Welche hübsche Frau wartet auf dich in der Pfalz?" Diese Frage stellt Susann fast ängstlich. Zögernd beginnt Bernd seine Geschichte zu erzählen. Von der Flucht bis zur Grenzöffnung. Ohne ihn zu unterbrechen, hat Susann zugehört. „Ja, wer hätte das alles einmal gedacht?", sagt Susann zum Schluss. „Es ist spät, ich muss gehen." Bernd wirft einen raschen Blick auf die Uhr. Sie gehen die Treppe hinunter. Unten an der Haustür bleiben sie stehen. Wie zwei Teenies, die nicht wissen, wie sie ihre Gefühle zum Ausdruck bringen sollen, stehen sie sich gegenüber. Da nimmt Bernd sie wortlos in die Arme. Eng schmiegt sie sich an ihn. Beiden scheint eine schwere Last von der Seele zu fallen. So umschlungen bleiben sie stehen, jede Sekunde genießend. Zum Schluss folgt ein inniger Kuss. Beide fühlen, weiter können sie nicht gehen, noch nicht. Zu viel ist geschehen. „Ich komme morgen noch einmal. Übermorgen, ganz früh, muss ich wieder fahren." „Ja, komme", haucht sie. Er streicht ihr noch einmal übers Haar, dann fährt er.

Fast ein Jahr ist seitdem vergangen. Schön war sie gewesen, die erste Nacht mit Susann. Sie konnten nicht genug voneinander bekommen. Nun pendelt Bernd immer öfter zwischen der Pfalz und der alten Heimat hin und her. Mehrmals war Susann mit dem Jungen schon in der Pfalz bei ihm gewesen. Überaus herzlich wurden sie von Höppners begrüßt. „Was hast du dir da an Land gezogen?", hat der Chef später zu Bernd gesagt. „Ich hatte schon gedacht, du willst von Frauen überhaupt nichts wissen." Nun hat Bernd den wahrscheinlich schwersten Gang seines Lebens vor sich. Er muss der Familie Höppner erklären, er will wieder hinüber in den Osten. Lange hat er mit sich gekämpft. Er will der Familie, die ihn wie einen eigenen Sohn behandelt, nicht wehtun. Wie oft hat der Meister schon durchblicken lassen, er wolle Bernd das Geschäft überschreiben, damit er in den wohlverdienten Ruhestand gehen könne. Auf der anderen Seite zieht es ihn zu Susann, zu Mutter, die ihn braucht, und in seine alte Heimat. Nachdem er die Heimat wiedergesehen hat, ist das Heimweh in ihn gekrochen. Daheim ist daheim. Susann kann auch nicht weg. Sie muss öfter bei ihrer Mutter vorbeischauen, der es gesundheitlich nicht besonders gut geht. Mit Bernds Mutter ist alles geregelt. Sie bauen ein Stück am Haus an. Dadurch entstehen zwei Wohnungen. Wie hatte sie sich gefreut, als Bernd Susann das erste Mal wieder mit nach Hause gebracht hat. Der Junge hat die neue Oma auch schon ins Herz geschlossen. Im Ort, in einer ehemaligen Scheune der LPG, kann Bernd die Firma unterbringen. Die Genehmigung für eine Heizungsfirma hat er schon so gut wie in der Tasche. Auch zwei ehemalige Arbeitskollegen aus der Gießerei würden sofort bei ihm anfangen. Nun biegt Bernd in den Firmenhof ein. Als er sich für heute, einen Samstagnachmittag, mit ernster Miene angemeldet hatte, hat der Chef nur mit dem Kopf genickt. „Ja, komme nur", hat er gesagt. Doch diesmal hat es traurig und wehmütig geklungen, als ahne er etwas. Wie ein geprügelter Hund schleicht Bernd der Tür zu. Kurz bevor er sie erreicht hat, wird sie geöffnet. „Komm rein, mein Junge", wird er väterlich begrüßt. Mutter Höppner sitzt bereits bequem im Sessel. Freundlich wie immer lächelt sie Bernd entgegen. Bernd wird noch elender. „Ich habe dir eine Weinschorle mit deinem Lieblingswein eingeschenkt", sagt sie leise. Behutsam nimmt Bernd Platz. „Wisst ihr …", stammelt Bernd. „Erst einmal zum Wohle", fährt der Hausherr dazwischen. Bernd ist es nur recht, hat er doch so Zeit, die Fassung zu gewinnen. Er nimmt einen riesigen Schluck. Da beginnt, ganz unerwartet für Bernd, Frau Höppner zu sagen: „Bernd, wir wissen, oder besser gesagt, wir ahnen, warum du heute gekommen bist. Meinst du, ich habe die Veränderung in deinem Wesen nicht bemerkt? Meinst du, ich habe nicht gemerkt, wie es dich nach Hause zieht? Nicht nur wegen der Susann." Sie macht einen tiefen Schnaufer. „Wir können dich gut verstehen." Bernd fällt fast das Glas aus der Hand. „Das alles habt ihr gewusst?" „Nicht gewusst, doch geahnt, wie ich schon sagte."

Frau Höppner wischt sich den Schweiß vom Gesicht. „Ich habe es bald bemerkt. Der Otto merkt ja so etwas nicht." Sie macht eine Pause. „Wenn man so will, haben wir auf diesen Tag gewartet. Früher oder später musste er kommen." Wieder holt sie tief Luft. „Bernd, ich wollte dich gründlich einarbeiten und mich dann zur Ruhe setzen", sagt der Chef und dreht verstohlen das Glas zwischen seinen Händen. „Wenn du nur uns zuliebe hierbleiben würdest, wären immer zwei Seelen in deiner Brust. Du würdest nie zur Ruhe kommen. Geh deinen Weg, wir sind dir nicht gram." Das sagt er mit einem Lächeln im Gesicht. Doch Bernd hört die Wehmut heraus. „Wir freuen uns, dass du ehrlich zu uns bist und dich nicht wie ein Dieb davonschleichst. Aber das hätten wir auch nicht von dir erwartet. So, nun erzähle mal der Reihe nach." Freundschaftlich klopft er Bernd auf die Schulter. Bernd beginnt zu erzählen. Von Susann, der Mutter und seinen Zukunftsplänen. Sie hören zu und nicken manchmal zustimmend mit dem Kopf. Als er fertig ist, ist eine Weile Stille im Raum. Ein jeder blickt vor sich hin. Frau Höppner bricht das Schweigen als Erste. „Versprich uns, weiter in Verbindung zu bleiben." „Aber natürlich", schießt Bernd heraus. „Zu meiner Hochzeit seid ihr selbstverständlich eingeladen. Außerdem möchte ich, dass wir uns so oft wie möglich besuchen. Wenn euch das Autofahren zu viel wird, kommt ihr mit dem Zug. Von Dresden holen wir euch dann ab", sagt Bernd erleichtert. „Da habe ich noch einen Vorschlag zu machen", beginnt der Chef. „Die Geschäftsauflösung hier geht schnell. Ich habe mich schon erkundigt, wo ich meine Arbeiter unterbringen kann, denn auf die Straße setzen werde ich keinen. Und dann habe ich viel Zeit", verschmitzt blinzelt er Bernd zu, „da könnte ich dir doch im Osten für ein paar Monate bei deinem Geschäftsaufbau helfen? Was meinst du? Kostenlos, versteht sich." „Das wäre ja wirklich lieb von dir", freut sich Bernd aufrichtig. „Wir haben viel Platz im Haus. Und der Umbau beginnt erst im nächsten Jahr." „Wir wollen ja auch nicht für immer bleiben. Nur so für die ersten zwei Monate vielleicht." Herr Höppner reicht Bernd die Hand. Das Abkommen ist besiegelt.

Bernd steht am offenen Fenster seines Jugendzimmers. Er denkt zurück an die vergangene Zeit. Viel, fast zu viel ist geschehen. Da unten auf der Bank hat er mit Großvater gesessen. Weiter unten im Tal, in der Gießerei, hat er mit Jakop gearbeitet. Drüben, am gegenüberliegenden Hang auf dem Friedhof liegt Vater. Hier oben im Zimmer hat Bernd mit Susann viele zärtliche Nächte verbracht. Morgen wird Susann hier einziehen. Dann wird hier in diesem Zimmer wieder ein Junge schlafen, spielen und träumen, so wie er einst. Ein Kind, das ihn fast nichts angeht. Das Kind von seinem ärgsten Feind. Doch er hat sich geschworen, ihm ein guter Vater zu sein.

Ab und zu denkt Bernd an Adi. Was wird der Tausendsassa gerade treiben? Und vor allem, wo treibt er sich gerade herum? Sie haben so viel gemeinsam erlebt und durchgestanden. Gelegentlich telefonieren sie miteinander. Adi hat sich seinen Lebenstraum erfüllt und fährt mit seinem Lkw durch die halbe Welt. Hinter seinem Lenkrad fühlt er sich frei und ungebunden. Er lebt jetzt seinen Traum – ein Traum, von dem so viele junge Leute in der DDR geträumt haben und der für die wenigsten Wirklichkeit wurde.

Bernds Blick schweift hinüber zu Kohlbusch und hinauf zum Erzgebirgskamm. Seine lange Reise in die Freiheit ist zu Ende. Leise säuselt der Wind in den alten Fichten.

ENDE

Ein junger Mann, Sohn eines großen Genossen, erkennt nach und nach, dass das Leben und die Umstände in der DDR nicht das sind, wovon immer und überall geredet wird. Allmählich zerbröckelt der Glaube an den Kommunismus. Als sein bester Arbeitskollege verunglückt und sich dann auch noch seine Freundin von ihm trennt, beschließt er, mit einem Freund über die Grenze zu flüchten.

Dieses Buch schildert die Flucht, den Neuanfang im Westen und die Rückkehr in die alte Heimat.

Der Autor

Peter Püschel wurde 1949 in einem kleinen Dorf im Erzgebirge geboren. Nach acht Jahren Schule machte er eine Lehre in der Landwirtschaft, es folgten 18 Monate Grundwehrdienst in der NVA. Danach arbeitete er als LKW- und Bus-Berufskraftfahrer.
1988 wurde er aus der Staatsbürgerschaft entlassen und übersiedelte in die BRD. Dort machte er einen Neuanfang als LKW-Fahrer und Möbelmonteur. Mittlerweile ist er Rentner und fährt noch nebenbei LKW. In seiner Freizeit geht er gerne angeln und ist mit dem Wohnmobil unterwegs.
Nach „Der Tod im Grenzwald" ist „Der lange Weg zum Seelenfrieden" sein zweites Buch.

novum VERLAG FÜR NEUAUTOREN

Der Verlag

*Wer aufhört
besser zu werden,
hat aufgehört
gut zu sein!*

Basierend auf diesem Motto ist es dem novum Verlag ein Anliegen neue Manuskripte aufzuspüren, zu veröffentlichen und deren Autoren langfristig zu fördern. Mittlerweile gilt der 1997 gegründete und mehrfach prämierte Verlag als Spezialist für Neuautoren in Deutschland, Österreich und der Schweiz.

Für jedes neue Manuskript wird innerhalb weniger Wochen eine kostenfreie, unverbindliche Lektorats-Prüfung erstellt.

Weitere Informationen zum Verlag und seinen Büchern finden Sie im Internet unter:

www.novumverlag.com

Bewerten Sie dieses Buch auf unserer Homepage!

www.novumverlag.com